D1674694

Beni Durrer
Make-up-Schule

Impressum

Beni Durrer Make-up-Schule, 1. Auflage 2010

© Beni Durrer, Berlin
Dieses Werk ist urheberrechtlich geschützt. Vervielfältigung und Weiterverwendung,
auch auszugsweise, sind nur mit Zustimmung der Firma Beni Durrer zulässig.

Konzeption: Beni Durrer
Projektleitung: Beni Durrer, Doreen Liebig
Redaktion: Doreen Liebig
Layout und Druck: werk zwei Print + Medien Konstanz GmbH

Beni Durrer
Motzstraße 23
D-10777 Berlin
Tel: 0049 (0)30 210 198 00
Fax: 0049 (0)30 210 198 01
E-Mail: info@durrer.de

www.durrer.de

ISBN 978-3-00-030524-5

Für Daniel und all diejenigen,
die die Leidenschaft an Make-up mit mir teilen.

Beni Durrer
Make-up-Schule

Inhaltsverzeichnis

Theorie

Die Geschichte des Make-up: Dekorative Kosmetik im Wandel der Zeit
12 Hochentwickelter Schönheitskult im alten Ägypten
13 Griechenland: Kosmetik als Lebensgefühl
13 Luxus, Kosmetik und Dekadenz – Rom im 4. Jh. v.Chr.
14 Mittelalter: Die Hygiene geht verloren
15 Renaissance: Giftiges Gemisch für weiße Haut
16 Übertrieben und üppig: Kosmetik während des Barock
17 Rokoko – die Epoche der Madame de Pompadour
17 Die französische Revolution prägt Mode und Kosmetik
18 19. Jahrhundert: Schminken ohne Giftstoffe
18 Von Max Factor über Coco Chanel bis hin zu Yves Saint Laurent – das 20. Jahrhundert
21 21. Jahrhundert – Von allem etwas

Der Visagist
22 Aufgaben eines Visagisten
24 Von Parfümerie bis Laufsteg: Mögliche Arbeitsplätze
26 Selbstdarstellung – Von Kleidung bis Schmuck
28 Ausstattung eines Visagisten:
28 – Die Ausstattung – eine Checkliste
30 – Die Pinsel: Pinselreinigung, Herstellung, Pinselset
46 – Die Haut im Blick: Reinigungsprodukte und Pflege
48 – Puder & Co. – Das brauchen Sie für eine perfekte Grundierung
53 – Verführerischer „Augen"-Blick: Alles für das perfekte Augen-Make-up
58 – Spezielle Effekte für Highlights
59 – Wimpernperücken
64 – Konturenstifte für Augen und Lippen
65 – Lippenlack und Lippenfarbe
68 – Das hilft außerdem: Nützliches Zubehör

Grundlagen des Schminkens
70 Farblehre: Den richtigen Ton treffen
70 – Farbtypenlehre
71 – Farbkreis nach Itten
71 – Tonhöhen
72 – Warme und kalte Farben
73 – Licht und Schatten
73 – Farbverläufe
74 Gesichtsformen: Von oval bis eckig – Gesichtsformen und deren Korrektur
79 Augenbrauen: Zupfen, Definieren, Stylen
82 Augenformen: So schminken Sie die verschiedenen Augenformen richtig
91 Egal welche Form: Lippen zum Küssen

Schminkplatz, Grundregeln, Hygiene: Die Basics
98 Eine Frage des Standortes
98 Die Grundausstattung am Schminkplatz
100 Unverzichtbar: Die Hygiene
103 Grundregeln für die Arbeit
104 Vorbereitung: Zuerst das Gespräch

Die Arbeitsschritte:
106 Von Abschminken bis Kontrolle: 10 Schritte zum perfekten Make-up

108 1. Abschminken
110 2. Grundieren
112 3. Fixieren
114 4. Augenbrauen und Augenkontur
116 5. Lidschatten
118 6. Wimperntusche und Eyeliner
122 7. Lippenkonturen
124 8. Lippenfarbe
125 9. Wangenrouge und Konturierung
127 10. Kontrolle

Praxis

Alle wichtigen Looks Step-by-Step erklärt!

130 Tages- und Business-Make-up
136 Abend- und Gala-Make-up
144 Basis aller Looks – Nude-Make-up
148 Für den schönsten Tag im Leben: Braut-Make-up
156 Kurz- oder Weitsicht? Das Brillen-Make-up
160 Make-up für den Laufsteg
162 Best-Age-Make-up: Schön im besten Alter
168 Foto-Make-up
168 – Foto-Make-up, farbig
176 – Foto-Make-up, schwarz-weiß
178 Nur für IHN: Herren-Make-up
184 Trend-Make-up I – Außergewöhnlich, Tragbar, Glamourös
190 Trend-Make-up II – Exzentrisch und Extrem
192 Der Kreativität freien Lauf: Fantasie-Make-up

200 Stichwortverzeichnis
202 Danksagung
203 Bildnachweis
203 Bezugsquellen

Vorwort

Beim Spiel mit den Farben gibt es kein Limit. Die Möglichkeiten sind grenzenlos, man muss sie nur nutzen.

Make-up, das ist so viel mehr als Lidstrich, Rouge und Wimperntusche. Make-up, das ist die Kunst zu verwandeln, hervorzuheben, zu kaschieren und Schönheit zu unterstreichen. Sie als Visagist können einer Frau das Gefühl von Sicherheit und Selbstvertrauen geben; allein durch das Make-up! Das Basiswissen für Ihre Arbeit – egal ob Profi oder Einsteiger – habe ich in diesem Buch für Sie zusammengefasst. Denn nur wer das Wissen um Farben, Formen und Schminktechniken beherrscht, kann mit Make-up zaubern!

Die Leidenschaft an Make-up habe ich schon als Kind entdeckt. In meinem Geburtsort Luzern in der Schweiz habe ich mich zum Karneval am liebsten verkleidet und geschminkt. Nach einer Gastronomielaufbahn in Luxushäusern der Schweiz, wechselte ich in die Textilbranche. In dieser Zeit entdeckte ich den Laufsteg für mich. Bei Madeleine Schmid von der damals sehr bekannten Mannequinschule Chloe in Bern lernte ich richtig laufen und fand es sehr spannend, wie die Models ungeschminkt in der Maske verschwanden und dann völlig verändert auf dem Laufsteg standen. Damit stand für mich fest: Ich möchte Visagist werden! Ich wollte mit den Farben spielen und das Beste aus den Menschen herausholen. Ich wechselte in die Parfümeriebranche. Um eine firmenunspezifische Schulung auf dem Gebiet der Visagistik zu erhalten, besuchte ich die Visagistenschule von Michele Rondelli. Hier lernte ich alles über Formen und Farben. Das war genau meine Welt, genau mein Ding! Über einen Zwischenstopp in Paris landete ich mit tausend und einer Idee im Gepäck in der Metropole, in der ich mich weiterentwickeln und meine Leidenschaft an Make-up leben konnte – in Berlin. Berlin, die aufregende, faszinierende und manchmal auch geheimnisvolle Metropole, ist nicht nur meine Heimat, sondern auch Inspiration und Namensgeberin einiger meiner Produkte. Hier war ich richtig. Austoben konnte ich mich dann im „Paradies" der Farben; bei

MAC, deren ersten Counter ich in Berlin mit aufgebaut habe. Damals hatte ich blaue Haare und schwarze Augen, die Leute schauten mich entsetzt an; Japaner ließen sich mit mir fotografieren und ältere Damen, die auf keinen Fall so aussehen wollten wie ich; wollten dennoch unbedingt von mir geschminkt werden. Eine spannende Herausforderung bot sich mir dann als Trainer-Visagist bei Yves Saint Laurent. Ich reiste vom Bodensee bis nach Sylt, lernte Leute, Luxus und vor allem Hotels kennen. Manchmal wusste ich beim Aufstehen nicht einmal, in welcher Stadt ich mich gerade befand und fuhr an manchen Tagen bis zu 800 km mit dem Auto. Messen, Modenschauen und Präsentationen waren an der Tagesordnung nebst den vielen Schulungen, die mir aber immer große Freude bereiteten.

Eines Tages schminkte ich die großartige Schauspielerin Silvia Wintergrün, die ich unter anderem in der Hauptrolle in „My fair Lady" bewundert hatte. Sie gab mir Anstoß, in Berlin zu bleiben und riet mir, mich als Kosmetiker selbständig zu machen. Ich, als Kosmetiker? Das interessierte mich damals überhaupt nicht. Doch als ich eine Nacht darüber geschlafen hatte, meldete ich mich in einer Kosmetikschule an und absolvierte – als Klassenbester – die Ausbildung zum Kosmetiker. Im Jahr 2001 ließ ich mein Logo als Firmenlogo schützen – meine Initialen in einem Würfel, als alter Abba-Fan drehte ich das „B" einfach um. Ich richtete mir mein erstes eigenes Kosmetikstudio ein, was mich mein letztes Geld und Hemd kostete. Damals kaufte ich mir von meinen letzten 20 Mark einen Blumenstrauß für die Deko und bangte um meinen ersten Kunden (sonst hätte ich am Abend meine Blumen essen müssen). Doch mein erster Kunde kam und bezahlte und von dem Trinkgeld konnte ich mir etwas zu essen kaufen. Mein Kosmetikstudio entwickelte sich wunderbar! Aber da man auf einem Bein schlecht stehen kann, erfüllte ich mir meinen Traum von der eigenen Visagistenschule. Der Zulauf war überwältigend und das war erst der Anfang. Schnell waren die damaligen Schulungsräume zu klein, ich musste umziehen, vergrößerte auf 200 Quadratmeter Fläche und ergänzte das Kosmetikstudio durch einen Friseursalon. Mein Ganzheitskonzept für Haut, Haare und Make-up war geboren.
Schließlich erfüllte ich mir den Traum der eigenen Produktlinie. Die jahrelange Erfahrung und unzählige Kundengespräche lehrten mich, was zu tun war: Ich entwickelte eine exklusive Make-up-Linie für Profis, die exklusiv über Friseursalons und Kosmetikstudios vertrieben wird und das zu einem vernünftigen Preis/Leistungsverhältnis.
Im September 2009 erfüllte ich mir dann den Traum vom eigenen DaySpa im Herzen von Berlin!

Ich liebe Theater und Musicals und bin genau deshalb auch so gerne in Berlin. Diana Ross, Liza Minelli, Tina Turner – alle kommen sie nach Berlin und ich habe sie alle gesehen, live! So stellte ich nach und nach den Kontakt zu den Stars her, die alle irgendwann auf meinem Schminkstuhl landeten. Bei unzähligen Modenschauen werde ich durch tolle Designer immer wieder neu inspiriert. Ich sehe Make-ups als ganzheitliches Styling, es muss alles zusammen passen: Kleidung, Haare, Schmuck und ganz wichtig – der Typ! Ich liebe es, Make-ups zu kreieren. Und genau das ist der Schlüssel zum Erfolg: Verlieren Sie nie die Begeisterung an Make-up.

Ich liebe meinen Beruf. Kann es einen schöneren, interessanteren, vielfältigeren geben? Seit Anfang 2010 kämpfe ich deshalb als Mitglied im VvdS (Visagistenverband der Schweiz) dafür, dass der Beruf Visagist als offizieller Beruf anerkannt wird.

In der Beni Durrer Make-up Schule habe ich das Wissen und die Erfahrung von vielen Jahren als Visagist und Make-up-Artist gebündelt. Dabei ist es egal, ob Sie als Profi Ihr Wissen auffrischen möchten oder Einsteiger sind. Ich entführe Sie alle in die faszinierende Welt der Visagistik. Angefangen von der Farblehre über die Grundlagen des Schminkens bis hin zum Laufsteg-Look erfahren Sie alles, was Sie für Ihre Arbeit als Visagist brauchen.

Ich wünsche Ihnen viel Spaß und Erfolg!

Mit bunten Grüßen

Theorie

Geschichte

KOSMETIK UND MAKE-UP IN DER KULTURGESCHICHTE DER MENSCHHEIT

Die Geschichte der Kosmetik kann zurückverfolgt werden bis in die Frühzeit der Menschen. So schmückten Höhlenbewohner schon tausende Jahre v. Chr. ihren Körper mit Schlamm. Anfangs waren bei vielen Völkern des Altertums pflegende Maßnahmen an religiöse Bräuche geknüpft. Man bemalte sich schon in der Stein- und Bronzezeit, zum Teil mit primitiven Farben aus der Tier- und Pflanzenwelt, weniger zu kosmetischen, als vielmehr zu kultischen und kriegerischen Zwecken (Tarnung). Schon seit Menschengedenken hatte die dekorative Maquillage (franz. Make-up) die Funktion, dem Individuum eine Maske aufzusetzen, gewisse Absichten zum Ausdruck zu bringen oder auch den gesellschaftlichen Stand anzuzeigen.

Auf den folgenden Seiten wird aufgezeigt, wie sich Make-up und Kosmetik im Laufe der Jahrhunderte verändert und entwickelt haben.

Ägypten
(ca. 12. Jh. v. Chr.)

Dass die Geschichte des Make-up bis in die Frühzeit zurückreicht, beweist der Totenkult einiger Völker. Außer Lebensmitteln und Schmuck wurden den Toten auch Gebrauchsgegenstände wie Schüsseln, Rasiermesser, Kämme, Haarutensilien, Pinzetten und kosmetische Produkte mit ins Grab gelegt. Bei Ausgrabungen fanden sich neben Puder, Rouge und Augenschminke auch gefärbte Fettpasten für Lippen und Wangen, sowie Pinsel.

Um 1.200 v. Chr. pflegten die Ägypter einen hochentwickelten Schönheitskult; Körperpflege und dekorative Kosmetik waren etwas Alltägliches und eng mit der damaligen Medizin verbunden. Diese fiel in den Aufgabenbereich der Priester, denen wir noch heute Rezepturen aus Milch, Wachs, Honig, Duftstoffen und Ölen verdanken.

Das Schönheitsideal im alten Ägypten war zu dieser Zeit geprägt von einem stark geschminkten Gesicht, wobei man vor allem Augen und Lippen betonte – bei beiden Geschlechtern. Dafür wurden geriebene Mineralien und Gesteine (Malachit), Fettgemische, Halbmetalle und Farbstoffe aus der Pflanzenwelt verwendet. Die Reicheren erlaubten sich kostspieliges, grünes Malachit (Lidschatten) und rotes Kupfer zur Betonung der Augenlider. Mit Hilfe von Granit, Bleigang oder gefettetem Ruß bemalte man die Lidwinkel schwarz, ebenso die Augenbrauen. Das heute noch bekannte „Kajal" oder „Khôl" stellten die Ägypter durch Zerreiben von Galene-Kristallen her. Es löste schwarzen Puder aus Bleiglanz ab, mit dem man sogar das Augeninnenlid schminkte, um sich vor dem Blenden der Sonne zu schützen. Mit weißem oder goldgelbem Puder bestäubten die Ägypter ihren Teint, Augenbrauen und Augenlider betonten sie bis nahe an die Schläfen mit Antimon (Grauspießglanz). Nicht nur die Lippen wurden mit Karminrot eingefärbt, auch Haare und Nägel wurden oft gefärbt. Getrockneter und pulverisierter Krokodilmist diente als Gesichtspuder und wurde mit gestoßenen Farben vermischt.

Selbst eine Art Lippenstift kannte man schon. Dafür gossen die Ägypter in hohle Pflanzenstängel eine Fett- bzw. Talgmasse und röteten sie mit dem Farbstoff von Purpurschnecken. Auch Stäbchen und Pinsel zum Auftragen der Farben gab es bereits.

Die heutigen Aufgaben der KosmetikerInnen führten im alten Ägypten Haussklavinnen aus. Die geschulten Sklavinnen wussten ihre Herrinnen zu baden, zu massieren und zu schminken; so waren sie den ganzen Tag beschäftigt. Ein besonders vornehmes Schönheitsideal dieser Zeit war Königin Nofretete, Gemahlin von Echnaton, die um 1350 v. Chr. lebte. Ebenso für ihre Schönheit umschwärmt, war auch Kleopatra (69–30 v. Chr.), die zweifellos das am meisten nachgeeiferte Schönheitsideal jener Zeit verkörperte. Selbst die stolzen Römerinnen waren von Kleopatra bei ihrem Einzug an der Seite von Cäsar so begeistert, dass sie bald ihre Aufmachung nachahmten.

Griechenland
(ca. 8. Jh. v. Chr.)

Das griechische Volk begriff Kosmetik von jeher als Lebensgefühl und entwickelte eigene Schönheitskuren wie Diäten, Entschlackung und das körperliche Ausruhen. Dabei galt nicht nur der Pflege des Körpers Aufmerksamkeit, sondern auch der des Geistes. Die Griechen strebten danach, Körper und Geist in harmonischen Einklang zu bringen. Die Philosophen jener Zeit waren der Ansicht, dass ein gesunder Geist einen gesunden Körper voraussetzt. Daher war, wie in Ägypten, auch in Griechenland die Heilkunst sehr eng mit der Kosmetik verbunden. Individueller Gebrauch von Rezepturen (Salben und Öle) war selbstverständlich. Nach und nach entwickelte sich ein Frisur- und Modekult. Die typische Kleidung dieser Zeit waren die sogenannten Peplos (wollene, fußlange Kleider). Der typisch weibliche Peplos war ärmellos, reich gefältelt und gerafft, reichte bis zum Boden und wurde von einem Gürtel zusammen gehalten. Oftmals trugen die Griechen noch ein Tuch um die Schultern, das auch um einen Arm gewickelt wurde. Man nannte das Himation, Chlamys oder Tunika. Die Haare wurden auch bei den Männern oft mit Bändern oder Spangen (Haarreifen) zusammengehalten und die Locken zur Stirn hin schön drapiert.

In Griechenland gehörte es zum guten Ton, sich zu schminken. Das Make-up der Griechen war jedoch bedeutend leichter, zarter und natürlicher als das der Ägypter. Die Wangen wurden mit pflanzlichem Wurzelauszug rosig gefärbt, die Augen mit Khôl vergrößert und die Lider mit Weihrauch geschwärzt. Schön fließende, hochwertige Stoffe legte man am Körper in Falten. Diese Zeit wird auch Zeitalter der Ästhetik genannt.

Rom
(ca. 4. Jh. v. Chr.)

Nachdem die Römer die Griechen bezwungen hatten, übernahmen sie Elemente der griechischen Lebensweise. Der schon vorhandene römische Schönheitskult, der zum Teil von den aus Kleinasien stammenden Lydiern mitgeprägt wurde, trifft nun auf das griechische Vorbild. Es entwickelte sich eine beinahe übertriebene Schönheitspflege. Mit dem Aufstieg des Römischen Reiches entstand ein Rausch, der sich in Luxus und in der noch heute berühmten „römischen Überheblichkeit" zeigte. Den römischen Damen stand ein riesiges Angebot von Bürsten, Kämmen, Pinzetten, Scheren, Haarnadeln und Haarnetzen, Perücken, Salben, Ölen und Pasten zur Verfügung. Mehrere Sklavinnen verbrachten etliche Stunden am Tag damit, ihre Herrinnen zu pflegen, zu frisieren und zu massieren. Poppaea, Gemahlin des Kaisers Nero, erfand eine Maske aus Teig und Eselsmilch. Von ihrer Schönheit hing ihr Schicksal und die Gunst Neros ab, also war sie sehr erfinderisch. Viele folgten diesem Beispiel und wer es sich leisten konnte, badete sogar in Eselsmilch.

Geschichte

Reinlichkeit hielt Einzug. Zähne brachte man damals mit Puder und Pasten auf Hochglanz, der Teint wurde mit Silberweiß, Bleicarbonat oder in Essig gelöster Kreide aufgehellt. Die Augen wurden mit Graphit umrandet, die Augenbrauen schon damals gezupft und mit Ruß gefärbt. Die Römerinnen betonten Lippen und Wangen sehr stark mit roter Farbe. Diese wurde unter anderem auch aus den scharlachroten Absonderungen bestimmter Insekten gewonnen und mit Fischfett und roten Algen gemischt. Auch in Quecksilber verdünntes Karmin oder mineralische, rote Farben wie Zinnober auf Quecksilber- oder Schwefelbasis, Mennige auf Bleioxydbasis oder andere Färbemittel auf pflanzlicher oder tierischer Basis wie Purpur, ein aus der Purpurlaus gewonnenes Pulver, kamen zum Einsatz. Um dem Haupthaar mehr Leuchtkraft zu geben, stäubte man Goldpuder darüber. Es gab viele Arten die Haare zu tragen. Häufig wurden sie zurückgekämmt, im Nacken geknotet, ins Haarnetz gelegt oder sogar mit heißen Glühstäben gekräuselt und in Locken gewickelt. Schon damals bediente man sich vieler Hilfsmittel. So stützte Draht raffinierte Haarfrisuren. Dunkles Haar wurde gerne mit germanischen, vielfach sehr teuren Farbstoffen blond gefärbt, da dies als vornehm galt. Auch die Männer hatten ihre Kosmetik. Sie rasierten sich oder ließen sich Haare auf den kahlen Kopf malen. Die junge Generation ließ sich die Haare wachsen und in Locken legen. Es war nicht unüblich, dass heimkehrende Triumphatoren sich zum Siegeszug schminkten. Die Römer trugen eine Toga, die nach streng festgelegten Regeln gerafft wurde. Der tägliche Besuch einer Thermalbadeanstalt stand auf der Tagesordnung eines gut situierten Bürgers. Es war die Zeit des Prunkes, des Glanzes und des Pomps. Eine Zeit, die von der Kosmetik bis zur Architektur einen ungeheuren Wohlstand erlebte.

Mittelalter
(ca. 6. bis 15. Jh. n. Chr.)

Das Mittelalter stellt für die Kosmetik und Körperpflege ein „finsteres Kapitel" dar. Nur im arabischen Raum hatten die überlieferten Bräuche Bestand. Die Araber vertraten nach wie vor die Ansicht, dass für ein gutes Aussehen der Gesundheitszustand eine wesentliche Rolle spielt. Sie entdeckten die Heilkraft der verschiedenen Kräuter und hielten wie die Juden das Schönheitsideal des wohlgeformten Körpers durch Verbot von Alkohol- und Schweinefleischgenuss aufrecht. Mit dem Zusammenbruch des Römischen Reiches gingen große Teile der kosmetischen Erfahrung verloren. Die öffentliche Gesundheitspflege, die sich im 13. Jahrhundert wieder besserte, erreichte in dieser Zeit das Niveau des kaiserlichen Roms nicht mehr. Zu Beginn des Mittelalters gab es in Privathäusern wohl noch Badewannen aus Holz, doch später fand der Badebetrieb in öffentlichen Badestuben statt, in denen Männer und Frauen in gemeinsamen Bottichen badeten, in denen man sich unterhielt und Klatsch verbreitete. Der „Bader" erfüllte die Funktion eines Mediziners und war Friseur, Zahnarzt, Rasierer & Masseur in einem. Auf die innere, geistige Haltung legte man im Gegensatz zum antiken Griechenland keinen Wert mehr, und während in der klassischen Antike darauf geachtet wurde, frühzeitig durch Training und Pflege des Körpers gesund, schön und funktionstüchtig zu sein, versuchte man im Mittelalter unvernünftige Lebensweisen durch Wunder- und Zaubermittel auszugleichen. Die durch Kreuzritter eingeschleppten Krankheiten wie Pest und andere Seuchen waren indirekt Grund genug, Zauberkulte und Hexereien zu unterstützen. Statt die risikoreiche Lebensweise drastisch zu ändern, schob man im Mittelalter dem Wasser die Schuld an diesen ansteckenden Krankheiten zu. Aus Furcht vor Ansteckung badeten und wuschen sich die Leute nicht mehr. Dabei spielte jedoch auch grenzenloser Aberglaube eine Rolle, der die Massen in Angst und Schrecken versetzte. An Stelle von Wasser und Seife traten Duftstoffe und man begann sich stark zu parfümieren, um den Gestank der Ausdünstungen zu übertreffen. Das Mittelalter ist beispiellos geprägt von schlechten sanitären und hygienischen Verhältnissen.

Das Gesicht der Frau verlor in dieser Zeit im dekorativen Sinne an Bedeutung. Großen Wert legte man auf eine hohe Stirn, deshalb wurden Stirnhaare abrasiert und ausgezupft, nicht selten auch die Augenbrauen und sogar die Wimpern. Der Teint wurde mit kreidehaltigem Weiß bedeckt, manchmal wurden sogar die Stirnvenen bläulich nachgezeichnet. Je kleiner und unauffälliger der Mund wirkte, desto mehr entsprach er den Idealvorstellungen der damaligen Zeit.

Renaissance
(ca. 14. bis 16. Jh. n. Chr.)

Mit der Wiedergeburt der antiken Lebensart (1400, von Italien aus) erlebten Frauen eine gewisse Emanzipation. Die Stellung der Frau (Katharina von Medici) wurde bedeutender und bewirkte in höheren sozialen Kreisen mehr Einfluss. Durch eine sorgfältige Erziehung erwartete man von der jungen Frau Talent des Geistes und Charakters, was ihr eine ebenbürtige Position zu der des Mannes ermöglichte. Aber sie geizte auch nicht mit ihren körperlichen Reizen und verstand es, mit allen Waffen weiblicher Verführungskunst, dem Manne zu gefallen. Die Augenbrauen waren fein, die Augen mit Antimon (Bleispießglanz) unterstrichen oder ungeschminkt. Das Gesicht wurde stark gepudert, es entstand der Eindruck einer reinen, makellosen Haut, die an eine Maske erinnerte. Die Wangen waren zinnoberrot geschminkt und es wurde kein Aufwand gescheut, sich das Haar blond zu färben. Mit einem Gemisch aus giftigem Bleiweiß, Essig und Eiweiß bestrichen sich Frauen Gesicht, Nacken und Brüste um die vornehme Blässe zu erlangen. Doch dadurch wurde die Haut zerfressen, Zähne fielen aus, das Gift gelangte in die Blutbahn und führte letztendlich zum Tod. Prominentestes Opfer war Königin Elisabeth I. von England (1533–1603), man nannte sie auch die „Elfenbein-Weltregentin". Sie musste sich die Paste immer dicker auftragen, um Risse und Knötchenbildung zu überdecken. Andere Frauen aßen Kies, Asche, Kohlenstaub oder Kerzen, bis sie sich übergeben mussten, um so die gewünschte Blässe zu erzielen. Höchst fragwürdige und unappetitliche Ingredienzien wurden verwendet. Die offenherzig zur Schau getragenen Dekolletés sowie Schulter- und Halspartien galten als wichtiger und beachtenswerter Teil eines Schönheitsideals. Die Mode war zu diesem Zeitpunkt reichlich unbequem. Enge Korsetts, Drahteinlagen, lange Schleppen und schwere, mit Schmucksteinen verzierte brokatartige Stoffe bestimmten die Kleidung. Das führte zu äußerst üblen hygienischen Zuständen. Parfüms und Dufttüchlein konnten kaum darüber hinwegtäuschen. Gebadet wurde immer seltener, kleine Schüsseln mit Wasser genügten und selbst diese wurden oftmals durch Duftwässer ersetzt.

Geschichte

Barock
(ca. 1575–1770)

An die Renaissance schließt sich das Barockzeitalter an. Die übertriebene Kleidung und die gewaltigen, gepuderten Perücken sind wohl die berühmtesten Merkmale dieser Zeit. Die Männer erlebten eine modische und kosmetische Veränderung, wobei das Wort Üppigkeit den Stil am besten bezeichnet. Die Frau entblößte ihren Busen, schnürte sich jedoch noch immer in enge Korsetts. Das Make-up war lebhaft und farbenfroh. Natürliche Haut zu zeigen war unschicklich und so verschwanden Gesicht, Dekolleté und Hände unter einer stark deckenden Paste aus Bleiweiß oder zuckerhaltigem Alaun, mit Reismehl wurde dann dick gepudert. Man verwendete viel Wangenrouge, das kreisrund, geradezu puppenhaft in kräftigem Rot aufgetragen wurde. Die Farbe (Karmin) wurde hierfür aus Cochenilleschildläusen gewonnen. Die Lippen wurden entweder mit der gleichen Mischung oder einem Farbstoff aus den Kernen schwarzer Trauben ausgemalt. Lippenfarbe, die grundsätzlich benutzt wurde, wählte man nicht nach Farbharmonien aus, sondern nach der gesellschaftlichen Stellung der Benutzerin. Die Hofdamen bevorzugten ihn in kräftigen Granatfarben. Bürgerliche Frauen liebten hellere Farben und nur Frauen mit sehr schlechtem Ruf bemalten ihre Lippen in grellen Rottönen.

Das Make-up dieser Zeit wurde gekrönt durch kleine „Mouches" – Schönheitspflästerchen in verschiedenen Formen. Man klebte sie sich auf strategisch wichtige Punkte des Körpers. Sie hatten eine große, ja sprechende Bedeutung: Das „Leidenschaftliche" wurde am Augenwinkel angebracht, das „Galante" saß mitten auf der Wange, das „Kokette" gehörte an den Mundwinkel und das „Mörderische" schließlich trug man am Busen. Die Pflästerchen dienten angeblich außerdem dazu, Pickelchen und Hautunreinheiten zu verdecken.

Bei all diesem bombastischen Prunk, dessen exponierteste Verkörperung der französische König Louis XIV. (der Sonnenkönig) war, sank die Hygiene auf ein bedenkliches Niveau. Männer wie Frauen bedienten sich starker Parfüms, um die Ausdünstungen des ungewaschenen Körpers zu überdecken. Obwohl nur die Fingerspitzen in parfümiertes Wasser getaucht wurden, um das Gesicht damit ein wenig zu betupfen, dauerte die Toilette einen ganzen Vormittag. Friseure, Perückenmacher, Schneiderinnen und Kammerzofen waren vollauf beschäftigt, ihre Herrinnen auf den täglichen Auftritt in der Gesellschaft und den Angriff auf die Männerwelt zu rüsten. Bei Königen und Staatsmännern war es nicht anders, während dieser Stunden wurden anfallende Staatsgeschäfte und Audienzen erledigt. Der französische Hof unter König Louis XIV. war in ganz Europa tonangebend. In Versailles, dem prunkvollen Schloss des Königs, gab es weder Badewannen noch sanitäre Einrichtungen. Mehrere Male im Jahr mussten der König und sein Gefolge in einen anderen Palast umziehen, damit seine Residenz von allem Kot und Ungeziefer gereinigt werden konnte.

Rokoko (auch Spätbarock)
(ca. 1720–1775)

Das übertrieben Pompöse der Barockzeit wich während des Rokoko einer einfacheren und zierlich, verspielten Linie. Enge Korsetts und daraus resultierende Krankheiten, oftmals auch nur imaginäre Krankheiten, waren an der Tagesordnung. Die damaligen modischen Frisuren ließen manchen Haarkünstler zu seinem Vermögen kommen. Die Frauen türmten sich die Haare so hoch, dass sie sich aus Furcht, ihre Haare könnten an den Kronleuchtern Feuer fangen, scheuten zu tanzen. Die Frisuren wurden immer fantasievoller und spezieller, ganze Modellschiffe bis hin zu Fruchtkörben wurden mit eingebaut. Ebenso bevorzugte man es in den Kutschen zu knien, anstatt zu sitzen. Obwohl auf Seiten der Frau die Hygiene wieder mehr Bedeutung fand, kann man sich gut vorstellen, dass eine solche Haarpracht nicht jeden Tag gewaschen und gekämmt wurde. Aber auch in dieser Situation blieb man erfinderisch und trug einen „Grattoir" aus Elfenbein, Gold oder Silber bei sich, womit man sich nötigenfalls mit lässiger Eleganz am Kopf kratzen durfte. Es wurden sogar Flohfallen mit in die Perücken eingebaut oder man trug sie unter den Kleidern. Die Herren waren wieder bescheidener geworden. Statt der Perücke wurde das Haar in einen Zopf gebunden, jedoch noch immer stark gepudert. Das Make-up war dem des Barock sehr ähnlich, jedoch nicht mehr ganz so grell.

Bekanntestes Schönheitsideal dieser Zeit war Madame de Pompadour (1721–1764). Make-up gehörte zur Garderobe. Ein künstlich-puppenhaft verfremdetes Gesicht mit einem zarten Teint wie Porzellan und aufgesetztem Rouge auf den Wangen galt als schön. Blaue Adern wurden betont und zum Teil nachgemalt, um das „adelige, blaue Blut" zu zeigen. Frauen schminkten sich in aller Öffentlichkeit. In der Zeit der Französischen Revolution schminkten sie sich sogar auf dem Wege zum Schafott.

Als pikantestes Accessoire dieser Zeit krönte ebenso wie während des Barock die „Mouche" das Gesichtskunstwerk, jenes Schönheitspflästerchen, das in Herz-, Mond- oder Sternform amouröse Botschaften übermittelte.

Revolution
(1789–1799)

Die gesellschaftlichen Veränderungen durch die Französische Revolution schlugen sich auch in der Mode und Kosmetik nieder. Jegliche Sitten und Eigenheiten, die an das vorherige Regime erinnerten (einschließlich dem politischen Personal und seinen Gehilfen), wurden radikal abgeschafft. Man erinnerte sich an das griechisch-römische Vorbild. Die typische Kleidung war ein weich fließendes Gewand mit tiefem Dekolleté das hoch über der Taille gegürtelt wurde, das sogenannte Chemisenkleid.

Auch die Hygiene entdeckte man neu. Es wurde wieder gebadet! Haut und Haare wurden nun regelmäßig gewaschen und gepflegt und die Frauen reinigten ihr Gesicht mit Milch. Die Seife wurde zum allgemeinen Gebrauchsartikel, leichte Toilettenwasser ersetzten die starken Parfüms. Nicht nur Kleidermode und Schönheitspflege erfuhren nach der Revolution eine Wende zur gesunden Einfachheit, sondern auch die Frisuren. Die aufwändigen und stark gepuderten Haaraufbauten des 18. Jahrhunderts wichen gemäßigteren Frisuren. Zu diesen einfacheren Frisuren kombinierte man auch leichte, dezente Makeups. Die Zeit des Empire war kosmetisch das Gegenteil zum Barock und Rokoko. Königin Eugénie de Montijo, die Frau von Napoléon, war das Schönheitsideal dieser Zeit.

Geschichte

19. Jahrhundert

Im 19. Jahrhundert erinnerte man sich wieder an Reifröcke und Fischbeinkorsetts. In Paris erfand man den „Cul de Paris". Dieser Rock wurde vom Volumen her beträchtlich reduziert und der Stoff auf dem Gesäß drapiert. Lange Röcke mit schweren Rocksäumen und Schleppen gehörten zum absoluten Muss. Knöchel wurden nicht gezeigt. Die Frisuren gewannen wieder an Höhe. Wenn das Haar nicht lang genug war, wurde falsches Haar eingeflochten. Hüte oder hutähnliche Kopfbedeckungen waren sehr in Mode, ebenso Schleier, hinter denen man die feine und elegante Blässe versteckte. Der Teint war hell und weiß. Um dies zu erreichen, benutzte man Zinksalz und Wismut, beides giftige und gefährliche Stoffe. Die Gesichtsvenen wurden mit einem Gemisch aus Talkum und Indigo nachgezogen, die Augenbrauen natürlich und zu den Schläfen hin abfallend belassen oder aber mit Ruß gefärbt. Die Wangenknochen wurden mit Karthama-Rot betont. Die Stirn war hoch und weiß, die Stirnvenen schimmerten bläulich. Nur bei festlichen Gelegenheiten benutzen die Frauen Lippenstift, der dezent aufgetragen wurde. Leicht und zart sollte der Mund an eine Rose erinnern. Eine starke Maquillage mit kräftigen, leuchtenden Farben war in dieser Zeit sehr verpönt und nur Frauen aus der Halbwelt zugedacht. Parfüm-Händler verkauften zum ersten Mal gefärbte Pasten und Pulver.

Der Opernsänger und Hobbychemiker Ludwig Leichner erfand 1873 Schminke ohne Giftstoffe. Von nun an war Schluss mit übelriechenden und giftigen Pasten, die so manchem Bühnenkünstler das Leben gekostet hatten. Auf der ganzen Welt benutzte man „Leichner Schminke" aus Berlin. Endlich gab es auch ein Buch mit Anleitungen zum Schminken von Charakterdarstellern (Leichners Schminkschule). 1891 eröffnete die aus Polen stammende Helena Rubinstein (1870–1965) in Australien die ersten Schönheitssalons der Welt, 1902 expandierte Rubinstein nach London, dann nach Paris und schließlich 1912 nach New York. Sie wurde zur ewigen Konkurrentin von Elizabeth Arden.

20. Jahrhundert

1900–1910
Bis zu Beginn des 1. Weltkrieges zeichnete sich eine Dame durch weiße Haut aus. Gebräunter Teint galt als Zeichen der niedrigen sozialen Schichten (Bauern) und der damit verbundenen Arbeit im Freien. Make-up war allgemein verpönt und nur Frauen mit leichtfertigem Lebenswandel oder Schauspielerinnen (Sarah Bernhardt als Salome) vorbehalten. 1909 eröffnete der russische Immigrant Max Factor (1877–1928) sein erstes Make-up Studio in Hollywood. Ab 1920 stellte er sein Make-up, das speziell für den Film entwickelt war, für die breite Öffentlichkeit her. Im gleichen Jahr brachte ein französischer Chemiker die erste kommerzielle Haarfärbetinktur auf den Markt und nennt seine Firma schließlich L'Oréal.

1910–1920
Bis zum Ende des 1. Weltkrieges tragen die Damen das Haar immer noch lang, gewellt und voluminös hochgesteckt. Die Stummfilmzeit begann und plötzlich gab es Leinwandstars wie Theda Bara und Asta Nielsen, deren wunderschönes Aussehen man nachzueifern versuchte. Thomas L. Williams beobachtete, wie seine Schwester Maybel Vaseline auf ihre Wimpern streicht und entwickelte daraufhin die erste Mascara. Die Firma benannte er nach seiner Schwester Maybelline.

1920–1930

Die typische „Charleston-Dame" der 20er Jahre trug lange, schulterfreie Satinkleider für den Abend im Varieté, rauschende Federboas und lange Perlenketten. Die schlanke, hochgewachsene „Garconne" (Frauen, die mit kurzen Haaren und Frack männlich anmuteten) trug kurzgeschnittenes, anliegendes und oft in Wasserwellen gelegtes Haar. Der Teint war sehr hell, die Augen wurden vampartig verschattet, man applizierte sogenannte Wimpernperücken, heute falsche Wimpern genannt. Der Mund erstrahlte in roten Farben, der Kirschmund kam in Mode. Die Augenbrauen wurden schmal gezupft oder sogar ganz entfernt und neu gezeichnet (Marlene Dietrich). Die Frauen erschienen männlicher, die Männer weiblicher, der androgyne Typ war geboren.

Mit Coco Chanel (1883–1971) wurde zum Ende der zwanziger Jahre braune Haut zum Inbegriff für Gesundheit, Sportlichkeit und Freizeit. Sie adelte die Bräune als Modeaccessoire. Als Trendsetterin führte sie auch den Kurzhaarschnitt ein. Neben ihrer Tätigkeit als Modeschöpferin kreierte sie auch Düfte. 1922 stellte sie den Duft Chanel N°5 vor, der noch heute ein Bestseller ist.

Im Jahr 1922 eröffnete Elizabeth Arden (1884–1966) in London einen Kosmetik-Salon. Als sie feststellt, dass ihre neu entwickelte Creme die Haut innerhalb von ein paar Stunden verbessern kann, nennt sie die Creme „Eight Hour Cream" – bis heute ein Verkaufsschlager.

1930–1940

Die ganze Welt schaut auf Hollywood, die Traumfabrik. Marlene Dietrich, Greta Garbo und Joan Crawford waren die neuen Leinwandgöttinnen der 30er Jahre, perfekte Schönheiten bis ins Detail. Die weibliche Frau war wieder gefragt. Der Schmollmund war aus der Mode, die Lippen werden breiter und sinnlicher geschminkt. Brauen werden noch immer ausgezupft, aber nicht mehr so extrem hochgewölbt nachgezeichnet, sondern länger und leicht abwärts gerichtet, was einen traurig schmachtenden Blick ergibt. Revlon bringt 1932 seinen ersten Nagellack auf den Markt.

1940–1950

Trotz vieler Entbehrungen und Vorschriften (eine deutsche Frau trägt kein Make-up) während des Krieges, versuchten die Frauen den Filmstars wie Zarah Leander, Babara Stanwick und Ingrid Bergmann nachzueifern. Während des Krieges, als es keine Nylonstrümpfe gab, bediente man sich

Geschichte

farbiger Cremes und mit Augenbrauenstift wurde eine Naht gezeichnet. Nach dem Krieg fingen die Frauen an, sich typgerechter zu schminken. In dieser Zeit bringt Estée Lauder (1908–2004), die die Hautcremes ihres Onkels, eines Chemikers, verkauft, die ersten sechs Produkte heraus. Als erste verteilte sie Probepackungen an ihre Kundinnen.

1950–1960

Die Frauen hatten in den 50er Jahren, nach den Entbehrungen des Krieges, ein starkes Verlangen nach Make-up, denn das bedeutete Wohlstand. Es gab nun Puder in zarten Pastelltönen, hellrote und rosafarbene Lippenstifte, die herausgedreht werden konnten, natürliche Grundierungen, flüssigen Eyeliner und stark farbige Lidschatten. Man trug falsche Wimpern und die Augenbrauen wurden intensiv getönt. „Sexbomben" waren gefragt, die zweifellos größte aller Zeiten war Marilyn Monroe. Elizabeth Taylor, Sophia Loren, Gina Lollobrigida und Doris Day versuchten ihr nachzueifern. Danach kam der Typ der scheuen jungen Frau mit „Rehaugen" (Audrey Hepburn), Rouge wurde weniger aufgetragen. Die ersten Selbstbräuner kamen auf den Markt.

Ein deutscher Star dieser Zeit war Hildegard Knef, die als Schauspielerin international zu Rum gelangte, und mit dem Film „Die Sünderin" für einen der größten Kino-Skandale dieser Zeit sorgte.

1960–1970

Im Zuge der Emanzipationsbewegung gingen Frauen selbstbewusster und auch selbstverständlicher mit Make-up und Kosmetika um. Die wilden Sechziger waren da (Brigitte Bardot): Der Teint war sehr hell, man verwendete kein Rouge, die Lippen sollten möglichst noch blasser als der Teint sein. Die Augen wurden umso kräftiger schwarz umrandet und man trug mehrere Schichten falscher Wimpern übereinander, auch unten. Die Augenbrauen wurden wieder stark gezupft oder gebleicht. Das Supermodel Twiggy machte einen dramatischen Augen-Look populär: Rund um das Auge gemalte Wimpern erzielten zusammen mit Kunstwimpern einen extremen Puppenblick.

1970–1980

Yves Saint Laurent, der als erster Designer dunkelhäutige Modelle auf den Laufsteg brachte, erfand 1978 den saisonalen Make-up-Look (Frühling/Sommer und Herbst/Winter). Twiggy, die Kindfrau, wurde in den 70er Jahren zum Idol der Teenager und alle hungerten. Die Augen sollten stark vergrößert wirken, wofür man weißen Kajal auf dem Augeninnenlid trug. Rouge wurde puppenhaft aufgetragen und die Lippen erstrahlten mit Lipgloss. Es wurden Richtlinien für Hygiene und die Inhaltsstoffe bei Make-ups und Kosmetika erstellt.

1980–1990

Die Zeit der New Wave- und No-Future-Generation brach an. Die Punkwelle kam mit ihrer eigenen Vorstellung von Mode und Stil. Annie Lennox und Grace Jones brachten den androgynen Typ wieder in Mode. Bunt musste das Make-up sein, „Dallas" und „Denver-Clan" waren Kult.

Carole Jackson gab mit ihrem Buch "Color Me Beautiful" klare Richtlinien für das Schminken nach Frühlings-, Sommer-, Herbst-, und Wintertyp. Zum Ende der 80er Jahre kamen Supermodels wie Claudia Schiffer, Naomi Campbell, Linda Evangelista, Cindy Crawford, Elle Mc Pherson und Christy Turlington.

1990–2000

In den 90er Jahren ist der natürliche Look angesagt. Unzählige Brauntöne ließen das Gesicht perfekt gebräunt und „ungeschminkt" aussehen. Mit der Techno-Welle kamen Piercings, ebenso wie Metallic-Lippenstifte, glänzendes Make-up und Glitter im Gesicht. Verrückte Make-up Kreationen waren schließlich für den bevorstehenden Millenniumswechsel nicht mehr wegzudenken.

21. Jahrhundert

Im 21. Jahrhundert ist das Make-up eine Frage von Persönlichkeit, Charakter und Individualität. Mode und Trends wechseln immer schneller, doch feste Regeln für das Make-up oder Vorschriften gibt es nicht mehr. Die selbstbewusste, moderne Frau trägt, was sie möchte – von „natürlich" bis „Vamp" ist alles erlaubt. Es ist wichtig, eine gesunde, reine und gepflegte Haut zu zeigen. Schönheitsideal ist die jugendlich, straff gespannte Haut. Schönheitsoperationen sind heutzutage normal, in Deutschland unterziehen sich jährlich ca. 800.000 Menschen einer ästhetischen Operation, Tendenz steigend.

Der Visagist

Schauen Sie genau hin! Beobachten Sie und schulen Sie Ihr Auge! Hören Sie gut zu und hören Sie nie auf zu lernen. Seien Sie selbstsicher. Aufmerksamkeit gepaart mit eigenem Stil, Fantasie und Inspiration machen einen guten Visagisten aus. Dabei ist gerade in der Anfangszeit Erfahrung wichtiger als Bezahlung.

Aufgaben eines Visagisten

Die Aufgabe eines Visagisten besteht nicht allein daraus, Augen, Lippen und Wangen zu schminken. Sie unterstreichen mit dem Make-up den Charakter der Trägerin, heben Individualität und persönliche Vorzüge hervor. Sie bringen mit ihrer

Arbeit das Gesicht vorteilhaft zur Geltung, konturieren, verwandeln. Sie betonen als Visagist das Schöne und kaschieren das weniger Schöne. Für ein bestmögliches Ergebnis müssen Sie das Gesicht, das Sie schminken sollen, aufmerksam studieren. Aber auch der Lebensstil und die Wünsche der Trägerin dürfen auf keinen Fall außer Acht gelassen werden. Die Kundin muss sich wohlfühlen – allen Regeln zum Trotz! Das wichtigste ist deshalb das Gespräch mit der Kundin, in dem Sie genau zuhören und auf keinen Fall Ihren Willen aufzwingen, denn der Wunsch der Kundin steht im Vordergrund.

Je nachdem, wo Sie als Visagist eingesetzt werden, müssen Sie sehr schnell arbeiten können und belastbar sein. Oft müssen Sie auch ein klein wenig Psychologe sein, um herauszufinden, was die Person, die geschminkt wird, überhaupt möchte.

Ein Visagist sollte bei seiner Arbeit sehr einfühlsam vorgehen und herausfinden, wo die Bedürfnisse der Person liegen, die geschminkt werden soll: Möchte sie so bleiben wie sie ist, oder möchte sie bestimmtes hervorheben? Möchte sie etwas Neues ausprobieren, hat sie etwas gesehen und möchte wissen, wie es ihr steht? Will sie Ihren Look komplett ändern und ein neuer Mensch werden, will sie sich hinter einer Maske verstecken, will sie selbstbewusster sein? Will sie auffallen?

Coco Chanel hat einmal gesagt: „Man muss schon sehr eingebildet sein um sich nicht zu parfümieren" – das gleiche gilt für Make-up. Die moderne Frau, selbstbewusst und meist berufstätig, kann sich ein Leben ohne Make-up nicht mehr vorstellen. Wie sie es richtig anwendet, zeigen Sie ihr. Visagisten sind in der heutigen Zeit nicht mehr wegzudenken. Nicht nur in der Kosmetikbranche, in der es gilt, die Produkte an die Frau oder an den Mann zu bringen, nein, auch auf den großen Laufstegen dieser Welt, in der Werbebranche, bei Film und Fernsehen. Selbst Politiker, die in TV-Übertragungen ungeschminkt aussehen, erhalten vorher ein angemessenes Make-up. Wichtig für einen Visagisten ist es, offen zu sein. Offen zu sein für neue Farben, neue Techniken, neue Materialien.

Ihre Aufgaben als Visagist:
– verschönern
– betonen
– hervorheben
– kaschieren
– das Selbstwertgefühl der Kundin steigern
– trösten
– verändern
– schulen
– verkaufen
– präsentieren
– für die Kundin da sein!

Der Visagist

Arbeitsplätze eines Visagisten

Das Arbeitsfeld eines Visagisten ist genauso vielfältig wie die Arbeit selbst und reicht von der Parfümerie bis hin zum Laufsteg.

Mögliche Arbeitsplätze:
– Parfümerien
– Kaufhäuser
– Drogerien
– Industrie (im Verkauf/Beratung, im Training für Mitarbeiter, in der Entwicklung (neue Looks, neue Produkte)
– Agenturen/Fotoateliers (Fotoshootings und -strecken (Magazine), Modenschauen, Hostessen bei Veranstaltungen)
– Zusammenarbeit mit Brillengeschäften, Brautgeschäften, Farb- und StilberaterInnen, usw.
– Selbständig, Privateinsätze für Themenparties, Hochzeiten, usw. oder als persönliche/r VisagistIn für Prominente und private Anlässe
– für Zeitschriften, als BeautyredakteurIn
– Kosmetikstudios, Beautyfarmen, Hotels, Kreuzfahrtschiffe
– Schönheitskliniken (nach Schönheitsoperationen)
– Krankenhäuser (Opfer nach Entstellungen schminken (Camouflage) oder Chemopatienten)
– Bestattungshäuser (auch hier wird Make-up benötigt)
– Film und Fernsehen (Musikvideos)

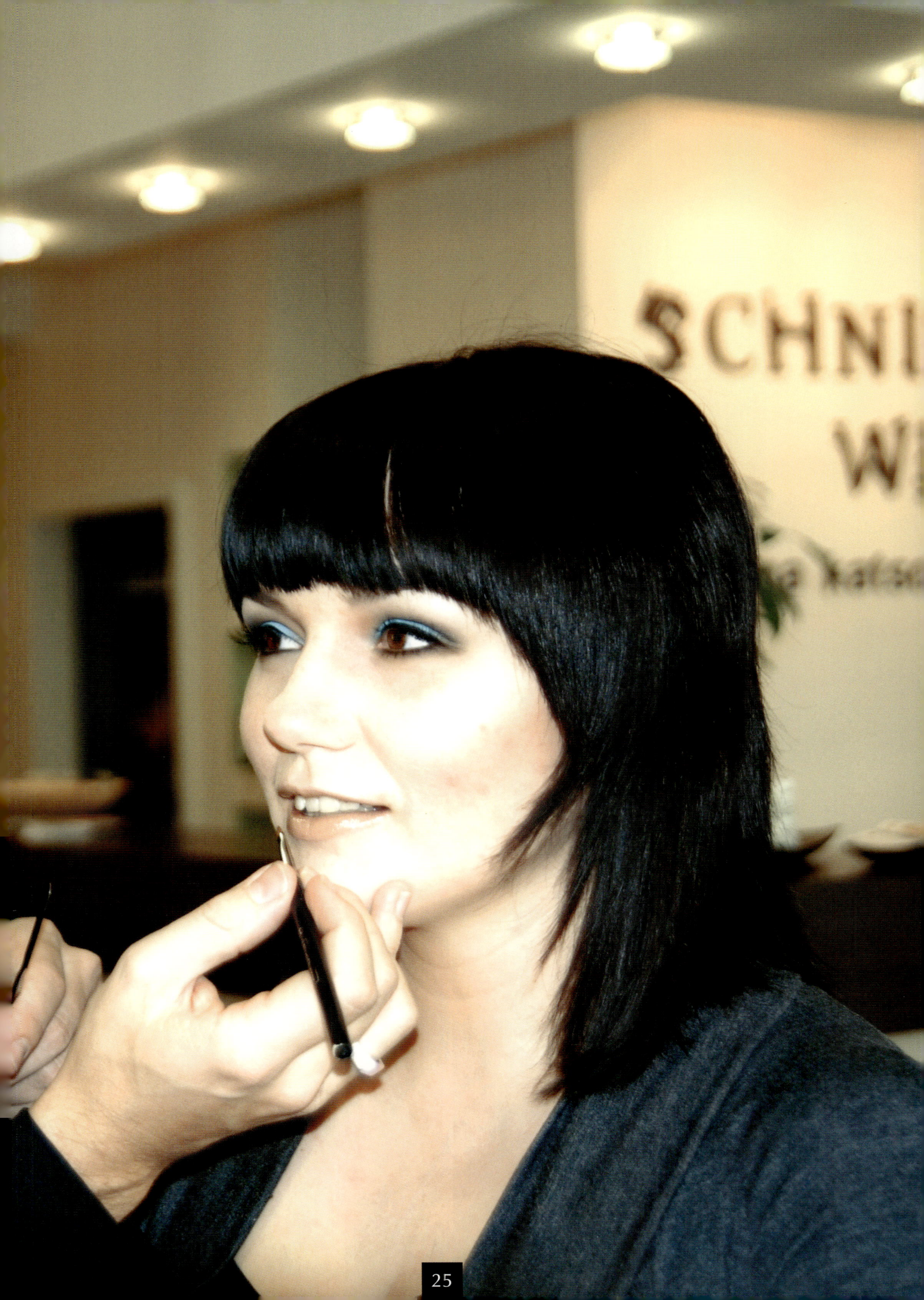

Der Visagist

Selbstdarstellung

Sehr wichtig für Sie als Visagist ist Ihre eigene Darstellung – Kleidung, Haare, Schmuck und natürlich Make-up sind Ihre Visitenkarte. Was Sie dabei beachten müssen, lesen Sie hier.

Kleidung:
Die Kleidungsfarbe des Visagisten ist Schwarz. Das ist nicht von ungefähr, denn viele Berufe haben ihre Kleidungsvorschriften. Polizisten haben ihre Uniform, Bankiers ihren Anzug, Ärzte ihre weißen Kittel, usw. Mit einer schwarzen Kleidung nehmen Sie sich und Ihre Person zurück und lenken den Fokus auf das Gesicht – Ihre Visitenkarte.
In großen Kaufhäusern, zum Teil in Parfümerien und in guten Friseurgeschäften, ist die Farbe Schwarz ohnehin Dresscode. Die Kleidung sollte vor allem sauber, modisch und passend sein. Ebenso die Schuhe!

Hände:
Die Hände, mit denen Sie arbeiten, müssen unbedingt sauber und gepflegt sein, ebenso die Fingernägel. Zu lange, künstliche Fingernägel können einen unprofessionellen Eindruck machen. Die Hände dürfen absolut nicht nach Rauch riechen, denn nichts ist unangenehmer für die Kundin, wenn die Hände, die direkt mit ihrem Gesicht in Berührung kommen, unangenehm riechen. Auch Fisch- oder Knoblauchgerüche sind tabu! Tragen Sie ein dezentes Parfüm.

Schmuck:
Schmuck sollte reduziert sein und dem Make-up nicht die Show stehlen. Hier gilt der Grundsatz: Weniger ist mehr. Piercings sind Geschmackssache, können Kunden aber auch abstoßen.

Haare:
Die Haare müssen sehr gepflegt sein, der Haarschnitt typgerecht und modisch, Farbansätze dürfen nicht zu sehen sein. Lange Haare bitte zu einem Zopf zusammennehmen, damit sie Ihnen nicht ständig ins Gesicht hängen und bei der Arbeit stören.

Make-up:
Ihr Gesicht ist ihre Visitenkarte. Tragen sie ein modisches und typgerechtes Make-up, das technisch perfekt ist. Versuchen Sie jeden Tag anders zu sein – nutzen sie Ihr Gesicht als Werbefläche für z.B. Lidschatten, die Sie promoten möchten. Zeigen sie Ihren Kunden verschiedene Farben, Stile, Typen und Techniken. Zeigen Sie Neuheiten, seien sie aktuell, seien sie Trendsetter!

Ein Visagist ohne Make-up ist kein Visagist! Stellen sie sich vor, eine Kundin will ein Make-up kaufen. Eine Verkäuferin trägt kein Make-up, die andere besticht mit einem perfekten Make-up. Zu wem wird die Kundin wohl gehen?

Ausstattung

Für die Arbeit als Visagist benötigen Sie eine Vielzahl an Produkten. Von der Grundierung über Lidschatten- und Lippenfarben bis hin zur Hautpflege und natürlich den Pinseln. Eine Grundausstattung gehört an jeden Schminkplatz und in jeden Schminkkoffer. Ordnen Sie alles sauber und übersichtlich an – für perfektes Arbeiten und zufriedene Kunden. Auf den folgenden Seiten finden Sie die wichtigsten Produkte und deren Anwendung.

Zur Grundausstattung eines Visagisten zählt folgendes – eine Checkliste:

Pinselset

Pflegeprodukte:
Express-Make-up-Entferner
Augen Make-up Entferner
Reinigungsmilch
Reinigungslotion
Tagescreme für verschiedene Hauttypen
Feuchtigkeitsfluid
Augencreme
Augengel
Straffungsampullen

Make-up:
Grundierung
Abdeckcreme / Abdeckstifte
Flüssiges Make-up
Cremiges Make-up
Kompaktes Make-up
Loser Puder
Gepresster Puder

Augen:
Lidschatten (matt und glänzend)
Wimperntusche (normal und wasserfest)
Konturenstifte
Eyeliner (flüssig)
Effekte (Glitter und Glimmer)
Falsche Wimpern
Wimpernkleber

Wangen:
Puderrouge

Lippen:
Lippenkonturenstifte
Lippenfarben
Lipgloss

Zusätzlich:
Watterondellen
Wattestäbchen
Papiertücher
Umhang
Handtuch
Pinzette
Handspiegel
Schminkschwämmchen
kleine Schälchen für Make-up
Alkohol (zum Reinigen der Pinsel)
Pinselreiniger
Händedesinfektionsmittel
Spatel
Gesichtsquaste
Anspitzer
Facechart
Kugelschreiber
Visitenkarten

Ausstattung

Pinsel

Für Visagisten ist der Pinsel das wichtigste Werkzeug; er garantiert genaues Arbeiten und ein perfektes Ergebnis. Ebenso entscheidend: die Pinselpflege!

Haarqualitäten eines Pinsels

Ganz wichtig bei der Herstellung der Pinsel ist die Qualität der Pinselhaare. Alle Haare und Fasern müssen ihre natürlichen Spitzen behalten.

Die verschiedenen Haarqualitäten:
Rotmarderhaar ist sehr hochwertig, es ist rötlich-braun und hat lange, feine Spitzen. Dadurch ist es sehr elastisch und formstabil. Pinsel mit Rotmarderhaar werden im Augen- und Lippenbereich eingesetzt.

Das **Fehhaar** stammt vom sibirischen Eichhörnchen. Das Haar ist sehr geschmeidig, sanft und weich. Es ist besonders für kostbare Puder-, Rouge- und Lidschattenpinsel (zum Verblenden von Lidschatten) geeignet.

Ziegenhaar ist kräftig und hat durch seine wellige Haarstruktur eine gute Aufnahmefähigkeit für Puder.

Ponyhaar ist zwar sehr fein, aber nicht sehr elastisch. Es wird für Pinsel im Lidschattenbereich verwendet, die nicht nachgeben sollen.

Synthetikfaser ist sehr glatt und soll eigentlich dem natürlichen Haar ähnlich sein. Durch die Formstabilität, und der Elastizität können sie länger und intensiver eingesetzt werden. Auch Allergiker (Tierhaarallergie) profitieren von dieser Haarvariante.

Pinselreinigung

Pinsel sind Ihr tägliches und wichtigstes Handwerkszeug beim Schminken – sind die Härchen jedoch mit Hautfett und Produktresten verschmiert, beeinträchtigt das das Ergebnis. Die Elastizität und Geschmeidigkeit der Pinselhaare hängt von der guten Pflege der Pinsel ab. Reste von Make-up in den Pinselhaaren oder Fasern machen sie hart und sie können brechen.

Reinigen Sie die Make-up Pinsel deshalb regelmäßig, wobei die Reinigung zwar möglichst effektiv, aber auch schonend sein sollte. Denn bei richtiger Pflege halten Qualitätspinsel (fast) ein Leben lang.

So werden Pinsel wieder hygienisch sauber:
Geben Sie einige Spritzer Pinselreiniger in ein Glas lauwarmes Wasser. Pinselspitzen darin hin und her schwenken, Pinsel jedoch nicht einweichen! In der Hand mit kreisenden Bewegungen aufschäumen und unter fließendem Wasser gut ausspülen, damit keine Rückstände in den Pinseln bleiben. Große Pinsel ausschütteln und den Stiel zwischen den Händen hin und her rollen, um überschüssiges Wasser zu entfernen. Anschließend Härchen in Form streichen. Kleine Pinsel ausschütteln und in Form streichen. Bei Zimmertemperatur liegend trocknen lassen. Die Härchen sollten dabei nicht aufliegen, so dass rundherum Luft zirkulieren kann. Nach dem Trocknen nochmals mit den Fingern durch die Härchen streichen, so erhalten die Pinsel wieder ihre gewünschte Form.

Der Pinselreiniger ist für Naturhaarpinsel ebenso wie für Synthetikpinsel geeignet.

Pinselherstellung

Achten Sie beim Kauf Ihrer Pinsel immer auf die Qualität, denn das beeinflusst das Ergebnis. In Deutschland gibt es noch einige Pinselhersteller, die jeden einzelnen Pinsel zu 90% von Hand herstellen. Das Pinselhaar kommt hierfür aus der ganzen Welt, die Hölzer der Stiele stammen aus einheimischen Hölzern wie Birke und Buche. Die Herstellung eines Pinsels im Überblick:

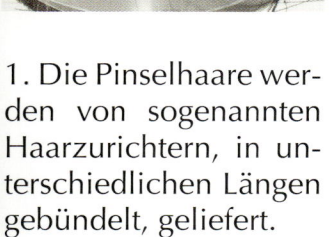

1. Die Pinselhaare werden von sogenannten Haarzurichtern, in unterschiedlichen Längen gebündelt, geliefert.

2. Von Hand wird eine kleine benötigte Haarmenge abgeteilt und mit einer Waage exakt gewogen.

3. Ebenfalls von Hand werden die Haare in eine Form, eine sogenannte Büchse, eingeführt, so dass die Haarspitzen alle gleichmäßig nebeneinander liegen. Dazu wird die Form auf einen Stein geklopft.

4. Danach kommen die Haare in eine weitere Büchse, in der die Form des Pinsels, je nach Form der Büchse, bestimmt wird. Von Hand wird nun dieser Haarbündel mit einem Bindfaden weggebunden, fixiert.

5. Anschließend wird das Haarbündel von hinten in die Silberzwinge eingeführt und nach vorne gestoßen, bis die Haarspitzen in der vorderen Zwingenöffnung erscheinen.

6. Vorsichtig werden die Haare so weit herausgezogen, bis sie ihre gewünschte Länge haben. Werden sie zu weit herausgezogen, muss von vorn begonnen werden.

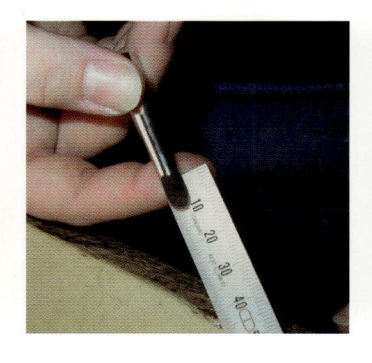

7. Damit alle Pinsel die gleiche Länge haben, wird mit einem Maßstab nachgemessen. Mit einem Kleber werden die Haare nun von innen in ihrer Position fixiert. Nachdem der Kleber getrocknet ist, werden die Pinselköpfe nochmals kontrolliert, mit einem Messer ausgeputzt und abstehende und lose Haare entfernt.

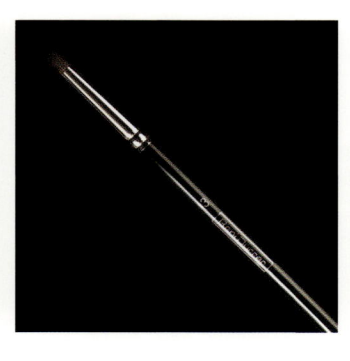

8. Die Holzstiele für die Pinsel werden mindestens vierfach lackiert. Danach werden die Pinselköpfe aufgesetzt, geklebt und die Zwingen auf den Holzstiel gepresst. Jeder Pinsel ist ein Unikat.

Ausstattung

Das Pinselset
Die Pinsel werden nicht nach ihren Nummern, sondern nach ihren Formen bzw. ihrem Einsatzort sortiert und aufgelistet.

Pinsel für die Grundierung:

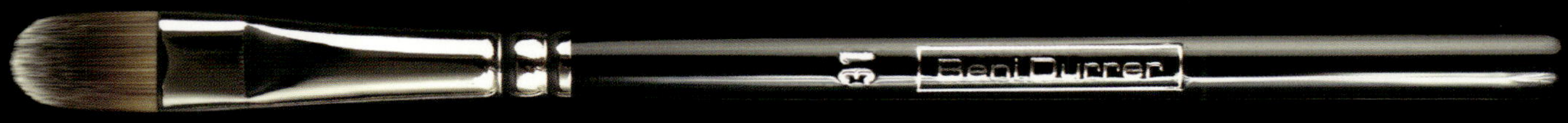

Kleiner Grundierungspinsel (Nr. 31):
Zum Auftragen von Make-up oder Abdeckcremes unter den Augen und an schwer zugänglichen Stellen.

Form: Katzenzunge, festes Haar
Material: Synthetik-Soft

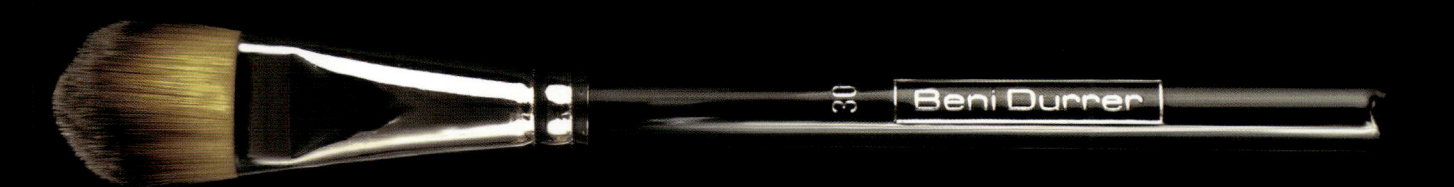

Grundierungspinsel (Nr. 30):
Zum sparsamen Auftragen von Studio-Make-up im Gesicht.

Form: Katzenzunge, festes Haar, größer als der kleine Grundierungspinsel
Material: Synthetik-Soft

Grundierungspinsel (Nr. 39):
Der kleine Grundierungspinsel steckt im Metallstiel vom großen Grundierungspinsel, sehr platzsparend und ideal für alle Visagisten die viel unterwegs sind.

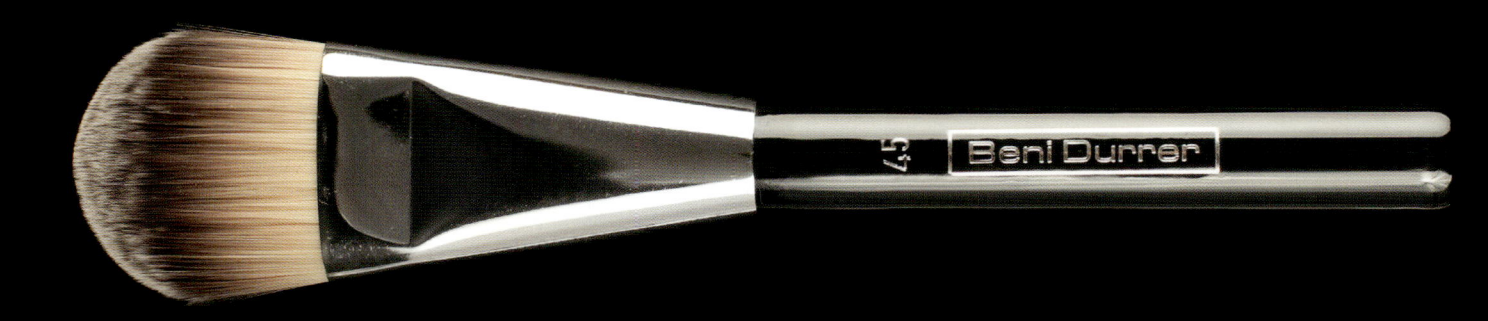

Ausstattung

Großer Grundierungspinsel (Nr. 45):
Zum Auftragen von Studio-Make-up am Körper.

Form: Katzenzunge, festes Haar, größer als der Grundierungspinsel
Material: Synthetik-Soft

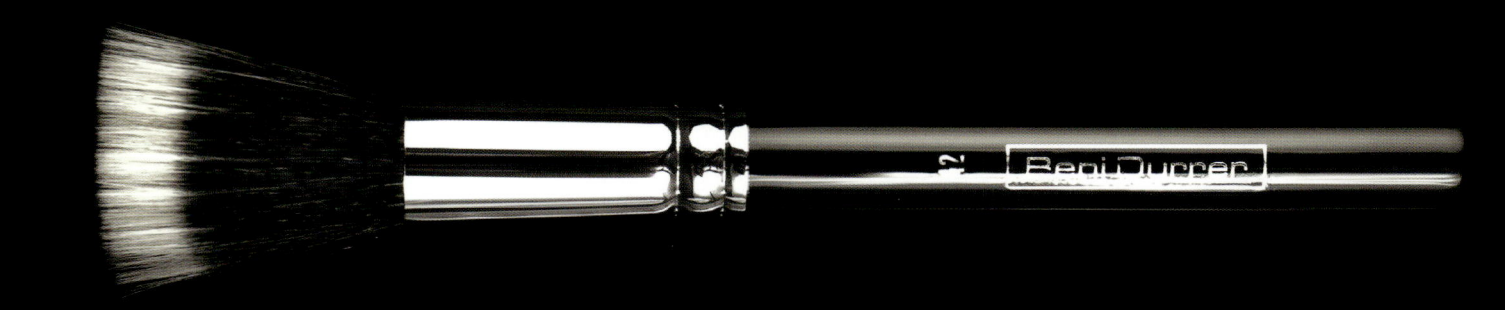

HDTV-Pinsel (Nr. 42):
Zum Auftragen und Einarbeiten von HDTV-Make-up oder anderen flüssigen Make-ups.

Form: Zwei-Stufen-Pinsel, rund und gerade, mittlere Haarlänge, aus denen dann wenige, längere Haare hervorstehen.
Material: spezielle Synthetik-Ziegenhaarmischung

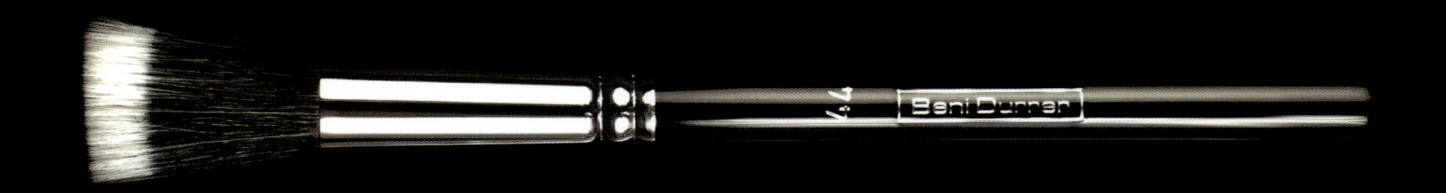

Kleiner HDTV-Pinsel (Nr. 44):
Zum Auftragen und Einarbeiten von HDTV-Make-up oder anderen flüssigen Make-ups oder zum Einarbeiten von Cremerouge.

Form: Zwei-Stufen-Pinsel, rund und gerade, mittlere Haarlänge, aus denen dann wenige, längere Haare hervorstehen, kleiner als der HDTV-Pinsel
Material: spezielle Synthetik-Ziegenhaarmischung

Pinsel für den Auftrag von Puder:

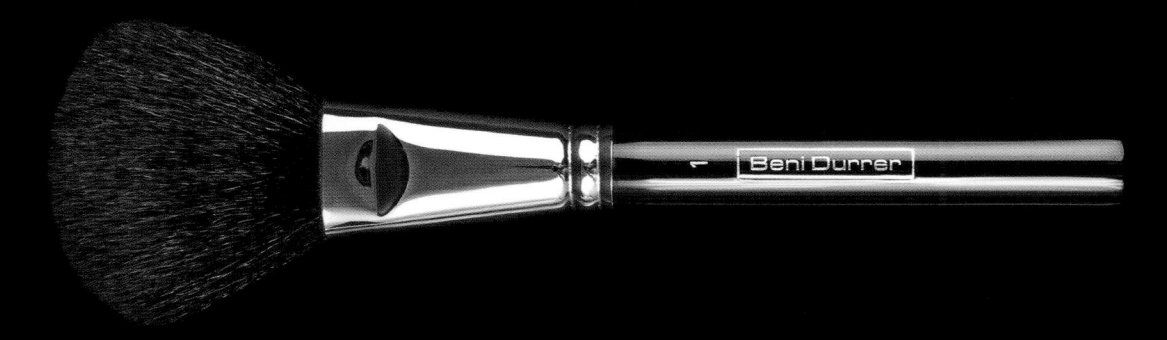

Großer Puderpinsel (Nr. 1):
Zum Auftragen von Puder auf Gesicht und Körper

Form: Oval und rund
Material: Luxushaar von der Kaschmirziege

Großer Fächerpinsel (Nr. 2):
Zum Entfernen von herabgefallenen Farbpigmenten unter den Augen oder als Effektpinsel für Glanzpuder.

Form: fächerförmig
Material: Luxushaar von der Kaschmirziege

Kleiner Puderpinsel (Nr. 5):
Zum Auftragen von Puder an schwer zugänglichen Stellen wie zum Beispiel unter den Augen. Kann auch für Rouge oder für großflächiges Einarbeiten von Lidschatten im Gesicht und am Körper verwendet werden.

Form: oval und rund
Material: Luxushaar von der Kaschmirziege

Ausstattung

Pinsel für die Augen:

Augenbrauenbürste (Nr. 7):
Zum Auskämmen der Augenbrauen und zum Ausbürsten und separieren der frisch getuschten Wimpern. Auch zum Kämmen von kleinen Goaties geeignet.

Form: Spirale
Material: Kunsthaar

Profi-Wimpernkämmchen (Nr. 34):
Die Metallspitzen trennen die frisch getuschten Wimpern optimal, was besonders bei Nahaufnahmen (Close-ups) wichtig ist. Vorsicht, Verletzungsgefahr!

Form: Kammform zum Zusammenklappen (Verletzungsgefahr!)
Material: Metall

Radiergummi oder Weichzeichner (Nr. 8):
Zum Verblenden oder Verwischen von harten Linien der Konturenstifte.

Form: rund, zur Spitze rund zulaufend
Material: Gummi

Kleiner Augenkonturenpinsel (Nr. 9):
Zum Nachzeichnen (Konturieren) der Augenbrauen und Augenkonturen. Achtung: Arbeitsrichtung beachten, sonst kann es für die Kundin unangenehm sein.

Form: flach und abgeschrägt
Material: spezielle Synthetik-Rindshaarmischung

Großer Augenkonturenpinsel (Nr. 10):
Größere Variante des kleinen Augenkonturenpinsels

Form: flach und abgeschrägt
Material: spezielle Synthetik-Rindshaarmischung

Kleiner Lidschattenapplikator (Nr. 11):
Zum Auftupfen von Lidschattenfarben, wenn eine hohe Deckkraft gewünscht ist.

Form: oval
Material: Schaumstoff

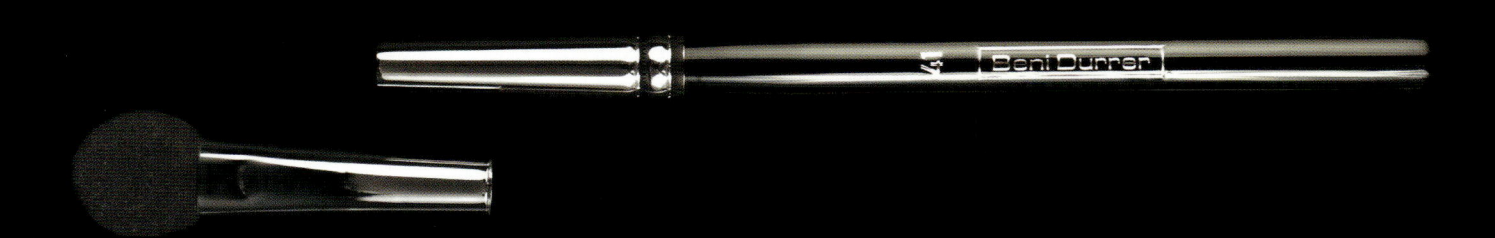

Ausstattung

Großer Lidschattenapplikator (Nr. 41):
Zum Auftupfen von Lidschattenfarben auf großen Flächen, wenn eine hohe Deckkraft gewünscht ist.

Form: rund
Material: Schaumstoff

Kleine und große Ersatzapplikatoren gehören in jeden Visagistenkoffer – auch aus hygienischen Gründen.

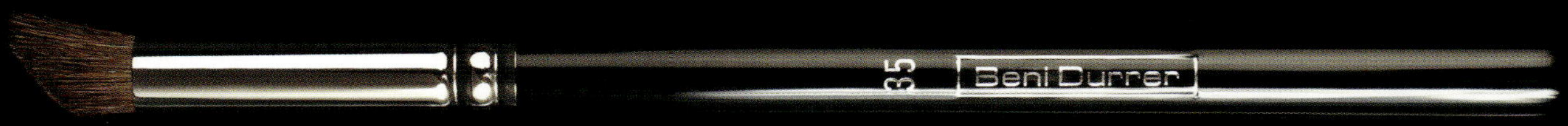

Applikator-Pinsel (Nr. 35):
Zum Auftupfen und Ausblenden von Lidschattenfarben, ideal z.B. für Smokey-Eyes.

Form: Form eines Pferdefüßchen, rund und schräg
Material: feine Fehhaarmischung

Eyelinerpinsel (Nr. 19):
Zum exakten Auftragen von flüssigem Eyeliner.

Form: rund und lang
Material: goldfarbiges Synthetik

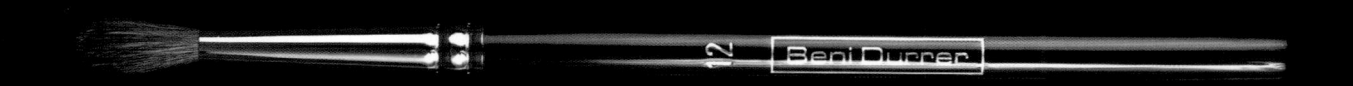

Lidfaltenpinsel lang (Nr. 12):
Zum exakten Eindunkeln der Lidfalte.

Form: rund und lang
Material: Spezial-Ponyhaar

Kleiner Augenschattierpinsel (Nr. 14):
Zum Verblenden oder Ausschattieren der Lidfalte.

Form: rund und spitz zulaufend
Material: reines Fehhaar

Großer Augenschattierpinsel (Nr. 15):
Zum Grundieren des ganzen Auges mit Lidschatten oder zum Highlightsetzen unter die Braue.

Form: rund und spitz zulaufend
Material: reines Fehhaar

Ausstattung

Lidfaltenpinsel kurz (Nr. 13):
Zum exakten Eindunkeln der Lidfalte und zum Verblenden von Konturen mit Lidschatten.

Form: rund und zu einer runden Spitze zulaufend
Material: reines Fehhaar

Dicker Augenschattierpinsel (Nr. 43):
Zum Auftragen und Einarbeiten von Lidschatten in der Lidfalte oder für Smokey-Eyes.

Form: rund und zu einer runden Spitze zulaufend, größer als der kurze Lidfaltenpinsel
Material: reines Fehhaar

Japan-Pinsel (Nr. 32):
Zum Ausschattieren von Lidschatten (Katzenaugen)

Form: rund und lang, aber angeschrägt
Material: reines Rotmarderhaar

Schräger Augenschattierpinsel klein (Nr. 26):
Zum Auftragen von Lidschatten entlang der Augenkontur.

Form: oval und schräg, leicht gebauscht
Material: reines Fehhaar

Schräger Augenschattierpinsel mittel (Nr. 36):
Zum Auftragen von Lidschatten am Auge.

Form: oval und schräg, leicht gebauscht, größer als der kleine Augenschattierpinsel
Material: reines Fehhaar

Schräger Augenschattierpinsel groß (Nr. 16):
Zum Auftragen von Lidschatten am Auge.

Form: oval und schräg, leicht gebauscht, größer als der mittlere Augenschattierpinsel
Material: reines Fehhaar

Ausstattung

Einblendpinsel klein (Nr. 37):
Zum Auftragen von Lidschatten entlang der
Augenkontur oder in der Lidfalte.

Form: Katzenzunge
Material: Spezial-Ponyhaar

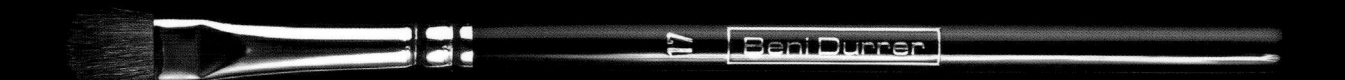

Einblendpinsel mittel (Nr. 17):
Zum Auftragen von Lidschatten am Auge.

Form: Katzenzunge, größer als der kleine
          Einblendpinsel
Material: Spezial-Ponyhaar

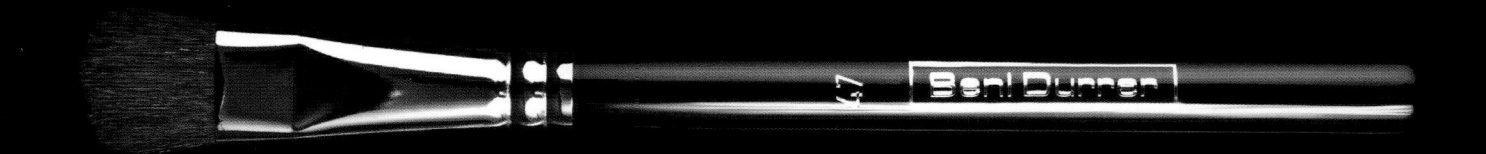

Einblendpinsel groß (Nr. 47):
Zum Grundieren der Augenpartie oder zum
Schattieren (Konturieren) im Gesicht, auch für
großflächiges Einarbeiten von Lidschatten im
Gesicht und am Körper.

Form: Katzenzunge, größer als der mittlere
          Einblendpinsel
Material: Spezial-Ponyhaar

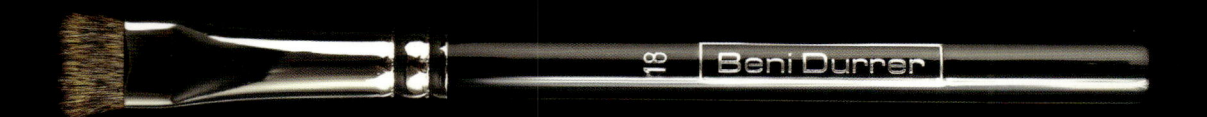

Bartkonturenpinsel (Nr. 18):
Zum Intensivieren von Barthaaren, nachzeichnen von Goaties, aber auch zum Verblenden von unschönen und harten Lidschattenübergängen.

Form: flach, gerade
Material: reines Fehhaar

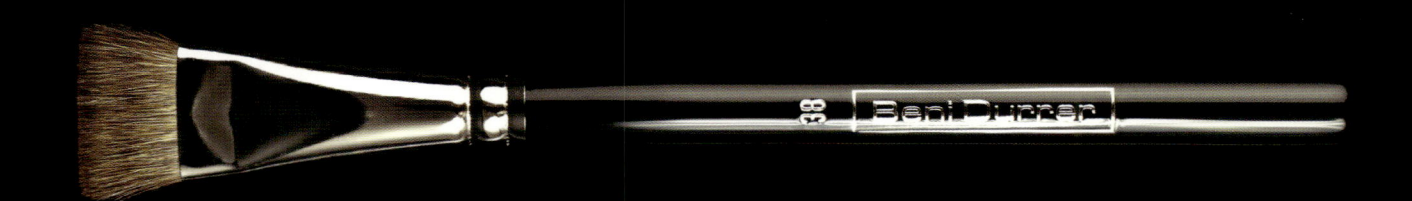

Bartkonturenpinsel groß (Nr. 38):
Zum Intensivieren von Barthaaren, Nachzeichnen von Goaties, aber auch für großflächiges Einarbeiten von Lidschatten im Gesicht und am Körper.

Form: flach, gerade, größer als Bartkonturenpinsel
Material: reines Fehhaar

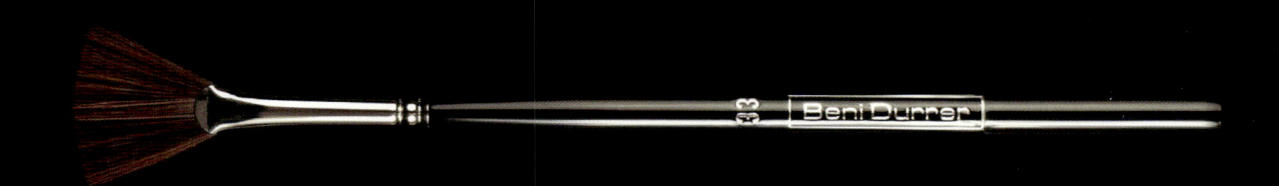

Effektfächerpinsel (Nr. 33):
Zum exakten Platzieren und Verblenden von Farbpigmenten als Highlight unter dem Brauenbogen.

Form: der Augenbraue angepasste Fächerform
Material: Bordeauxfarbenes Synthetikhaar

Ausstattung

Pinsel für Wangen und Konturen:

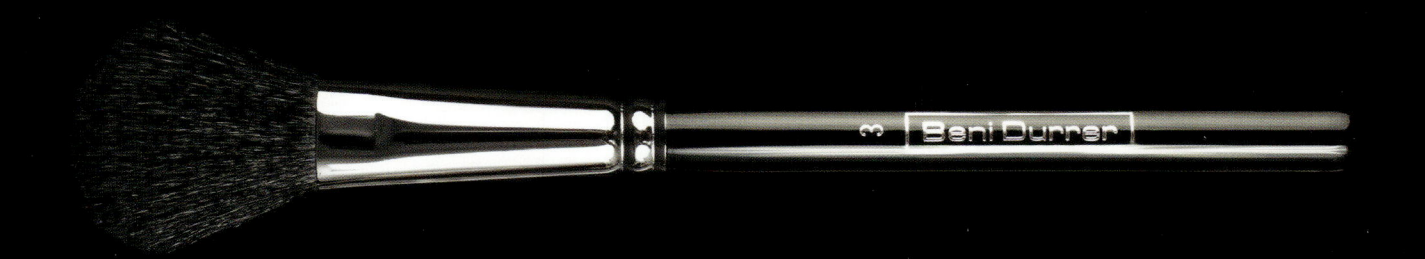

Rougepinsel (Nr. 3):
Zum Einarbeiten von Wangenrouge

Form: oval und rund
Material: Luxushaar von der Kaschmirziege

Barockrougepinsel (Nr. 40):
Zum Einarbeiten des Wangenrouges oder zum exakten Platzieren von Barockrouge.

Form: rund und gerade
Material: Spezial-Ponyhaar

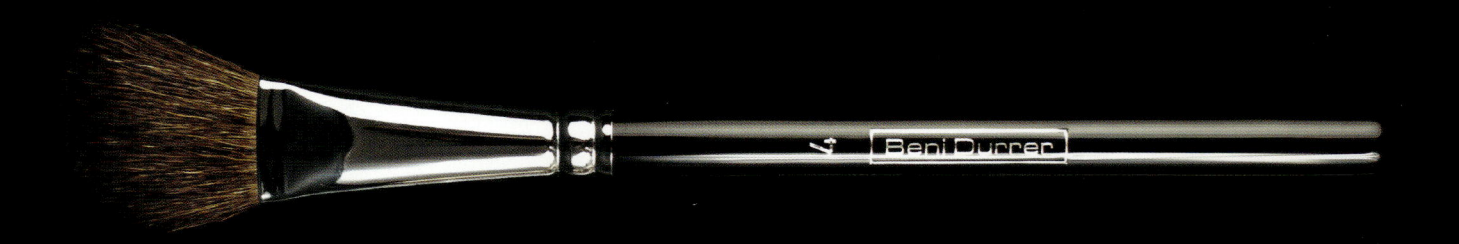

Konturenpinsel (Nr. 4):
Zum Konturieren der Wangenknochen und der Gesichtsform

Form: oval und schräg, gebauscht
Material: ausgesuchtes, braunes Bergziegenhaar

Pinsel für die Lippen:

Lippenpinsel (Nr. 20):
Für das perfekte Auftragen von Lippenfarben

Form: flach und spitz zulaufend
Material: reines Rotmarderhaar

Lippenpinsel (Nr. 22):
Für die Handtasche der Kundin, praktisch weil zusammensteckbar, die Tasche wird nicht schmutzig und der Pinsel nimmt nicht viel Platz weg.

Form: flach und spitz zulaufend
Material: reines Rotmarderhaar

Metallspatel:
Ein Metallspatel zum hygienischen Entnehmen von Lippenfarben, Make-up und Gesichtscreme gehört in jedes Pinselset.

Form: eine Seite rund, die andere Seite eckig
Material: Chirurgenstahl poliert

Ausstattung

Reinigung und Pflege

Grundlage eines jeden guten Make-ups ist die richtige Pflege der Haut. Nach der gründlichen Reinigung, wird die Haut gepflegt und so optimal auf das Make-up vorbereitet.

Produkte für die Reinigung der Haut:

Reinigungsmilch: Eine Reinigungsmilch ist meist besonders reichhaltig und entfernt sanft und zugleich gründlich Schmutzpartikel und Make-up-Reste. Die Reinigung ermöglicht es der Haut, nachfolgende Inhaltsstoffe einer Pflegecreme besser aufzunehmen.
Anwendung: Etwas Reinigungsmilch auf die trockene Haut von Gesicht und Dekolleté geben, einmassieren und mit viel Wasser abspülen. Da der Visagist nicht immer Wasser zur Verfügung hat, kann er die Reinigungsmilch auch mit einem Papiertuch abnehmen. Danach die Reinigungslotion auftragen.

Reinigungslotion: Nach der Reinigungsmilch die Haut unbedingt mit einer Reinigungslotion behandeln. Auch wenn die Kundin kein Make-up trägt, sollten Sie ein Mal mit dem Wattepad und Reinigungslotion über das Gesicht streichen. Eine Reinigungslotion ist eine gute Ergänzung zu Reinigungsmilch und Reinigungsschaum.

Anwendung: Die Reinigungslotion nach der Reinigung mit einem getränkten Wattepad auf Gesicht und Dekolleté auftragen. Danach eine Pflegecreme einmassieren.

Augen-Make-up-Entferner: Ein Augen-Make-up-Entferner entfernt Augen-Make-up schnell und gründlich. Achten Sie darauf, eine Lösung zu verwenden, die kein unangenehmes Brennen in den Augen verursacht und sich auch für empfindliche Augen und KontaklinsenträgerInnen eignet.
Anwendung: Etwas Augen-Make-up-Entferner auf ein Wattepad geben und sanft über das geschlossene Lid streichen. Bei Bedarf wiederholen.

Express-Make-up-Entferner: Die schnelle Lösung für starkes Make-up: Augen-Make-up-Entferner, Reinigungsmilch und -lotion in einem. Ein Express-Make-up-Entferner reinigt die Haut schnell und gründlich. Ideal wenn es sehr schnell gehen muss, bei Modenschauen oder Shootings.
Anwendung: Etwas Express-Make-up-Entferner auf ein Wattepad geben und sanft über das geschlossene Lid streichen. Danach das ganze Gesicht reinigen. Bei Bedarf wiederholen. Anschließend eine Pflegecreme einmassieren.

Achten Sie generell darauf, dass keine Flüssigkeit in die Augen gelangt. Das kann unangenehmes Brennen und eine Reizung der Augen verursachen.

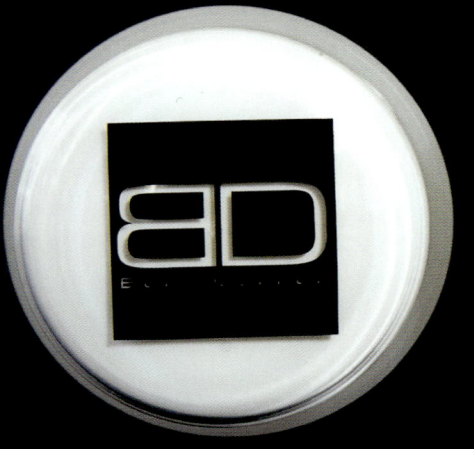

24h-Creme: Eine 24h-Creme bietet Pflege und Schutz rund um die Uhr und ist ideal für lange Tage, denn sie versorgt die Haut langanhaltend mit Feuchtigkeit.

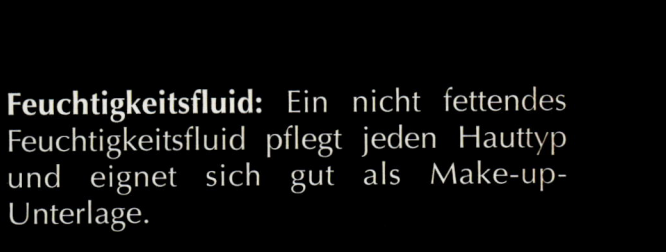

Feuchtigkeitsfluid: Ein nicht fettendes Feuchtigkeitsfluid pflegt jeden Hauttyp und eignet sich gut als Make-up-Unterlage.

Massieren Sie eine auf den Hauttyp abgestimmte Pflege nach der Reinigung sanft in die Haut ein. So wird die Haut mit Feuchtigkeit versorgt und auf das Make-up vorbereitet.

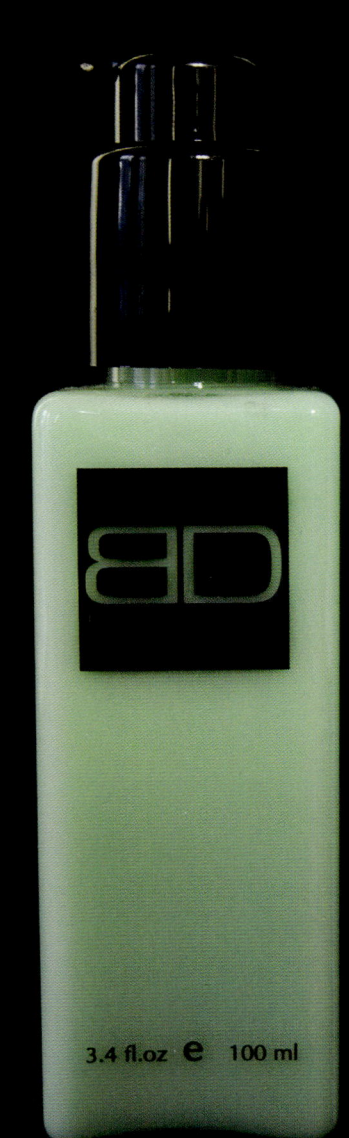

Grundierung

Für die Grundierung benötigen Sie mehrere Make-up-Varianten (flüssig, cremig, kompakt), Concealer und losen und gepressten Puder. Mit dem Concealer können Sie zunächst Unebenheiten, wie Pickel und Augenringe, abdecken. Entscheidend für die Wahl des Make-ups ist die Hautbeschaffenheit und der Zweck. So können Sie bei einer ebenmäßigen Haut zu einem weniger deckenden Make-up greifen, als bei Problemhaut oder für Fotoshootings, wo eine hohe Deckkraft zum Teil unverzichtbar ist.

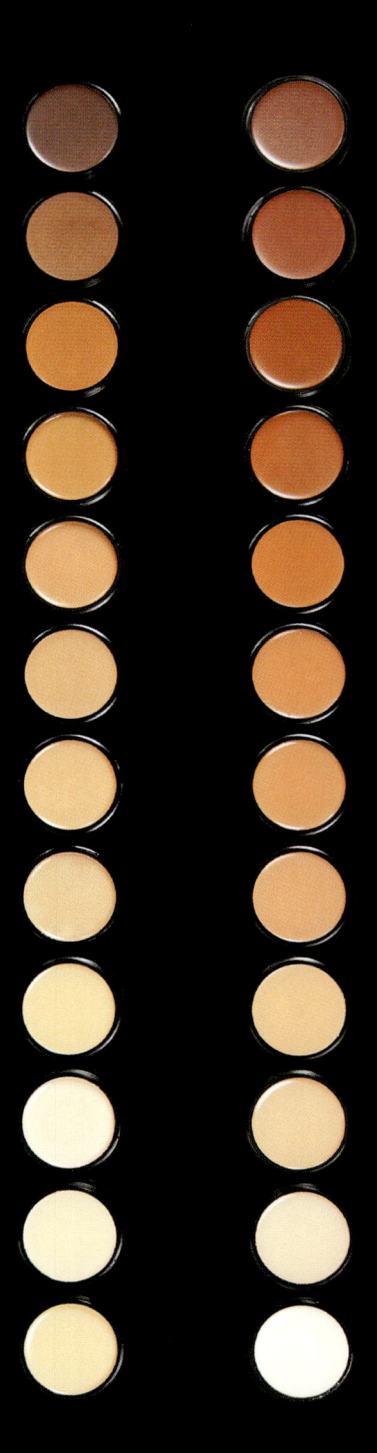

Grundierung

Damit das Make-up nicht maskenhaft oder unvorteilhaft wirkt, sollten Sie für jeden Hautton die passende Grundierung finden. Achten Sie deshalb darauf, dass das Make-up, mit dem Sie arbeiten, eine Fülle an Farben im rötlichen und gelblichen Bereich bietet (auf der linken Seite die Make-up-Reihe im gelblichen Bereich, auf der rechten Seite Make-up im rötlichen Bereich). In Europa gibt es mehr Menschen mit gelbem Hautunterton, wobei sich, je südlicher man kommt, mehr Rottöne untermischen.

Ein guter Visagist hat beide Töne in seiner Ausstattung, um für alle Eventualitäten gerüstet zu sein. So kann jeder Hautton entweder direkt durch eine der Farben abgedeckt oder durch Mischen erzielt werden. Testen Sie das Make-up am besten an einer Stelle am Hals. Hier ist die Haut am ruhigsten und Sie erkennen so gut, ob die Farbe zur Hautfarbe passt. Sie können die Grundierung mit einem trockenen oder feuchten Schwämmchen auftragen. Je nach Auftragetechnik variiert dann auch die Deckkraft. Sehr hoch ist sie beim Auftrag mit einem trockenen Schwämmchen und Pinsel; einen transparenteren Auftrag erreichen Sie mit einem feuchten Schwämmchen.

Es gibt auch Kompakt-Make-ups, die in Verbindung mit Puder wasserfest werden und sich deshalb auch hervorragend als Camouflage-Make-up eignen. Sie besitzen eine so hohe Deckkraft, dass sogar bei extrem vernarbter Haut sehr gute Ergebnisse erzielt werden. Auch Tattoos können Sie damit abdecken und sogar für Fotoaufnahmen im Unterwasserbereich sind diese Make-ups geeignet.

Anwendung: Nach der Tagescreme oder dem Feuchtigkeitsfluid mit dem Metallspatel eine kleine Menge aus der Dose entnehmen und mit einem Make-up-Schwämmchen oder einem Make-up Pinsel von der Gesichtsmitte zum Rand hin verteilen.

Gesichtspuder
Um die Grundierung zu fixieren und unschönen Glanz zu nehmen, verwenden Sie Puder. Vor allem bei Make-up für Fotoshootings oder für die Bühne im starken Scheinwerferlicht, ist Puder ein Muss. Puder gibt es in loser und gepresster Form, er mattiert und schafft zusätzlich zum Make-up ein ebenmäßigeres Hautbild; wirkt wie ein Weichzeichner. Greifen Sie zu einem Puder mit pflegenden Eigenschaften, der die Haut nicht austrocknet. Angenehm für die Kundin ist auch, wenn er einen dezenten Duft hat. Puder gibt es in verschiedenen Farbtönen, abgestimmt auf die Grundierung. Es gibt zwar auch sogenannten transparenten Puder, wobei dieser Puder vom Material her einen weißen Farbton besitzt.

Anwendung: Verteilen Sie den Puder mit einem Puderpinsel vorsichtig auf dem Gesicht. Für ein intensiveres Make-up eine Puderquaste verwenden und vorhandene Überschüsse mit dem Puderpinsel entfernen.

Ausstattung

HDTV-Make-up

Es gibt eine neue Generation von Make-up, das HDTV-Make-up. HD ist der Fachbegriff für hochauflösende Bildqualität der digitalen Kameratechnik, bei Film (HDTV – high definition television) und Foto. Mit der neuen Technik wird eine Bildschärfe erreicht, die fast Kinoqualität besitzt. Natürlich kommen durch die höhere Auflösung auch Unebenheiten stärker zum Vorschein. Reichten früher Abdecken und Pudern, muss das Make-up, das mit der neuen Technik korrespondiert, hohe Anforderungen erfüllen. Es sollte stark pigmentiert sein und perfekt mattieren, damit kein Glanz entsteht. Außerdem muss es Licht kontrolliert reflektieren ohne das Fältchen hervorgehoben werden. Make-up mit mikronisierten Farbpigmenten eignet sich gut, denn es ist sehr fein und deshalb grenzenlos verteilbar. Achten Sie bei diesem Make-up auch auf ein breites Farbspektrum, um für jeden Hautton die richtige Farbe zu treffen.

Anwendung: Ein HDTV-Make-up tragen Sie am besten mit einem speziellen Pinsel auf, der ein gezieltes Applizieren und perfektes Einpolieren des Make-ups garantiert.

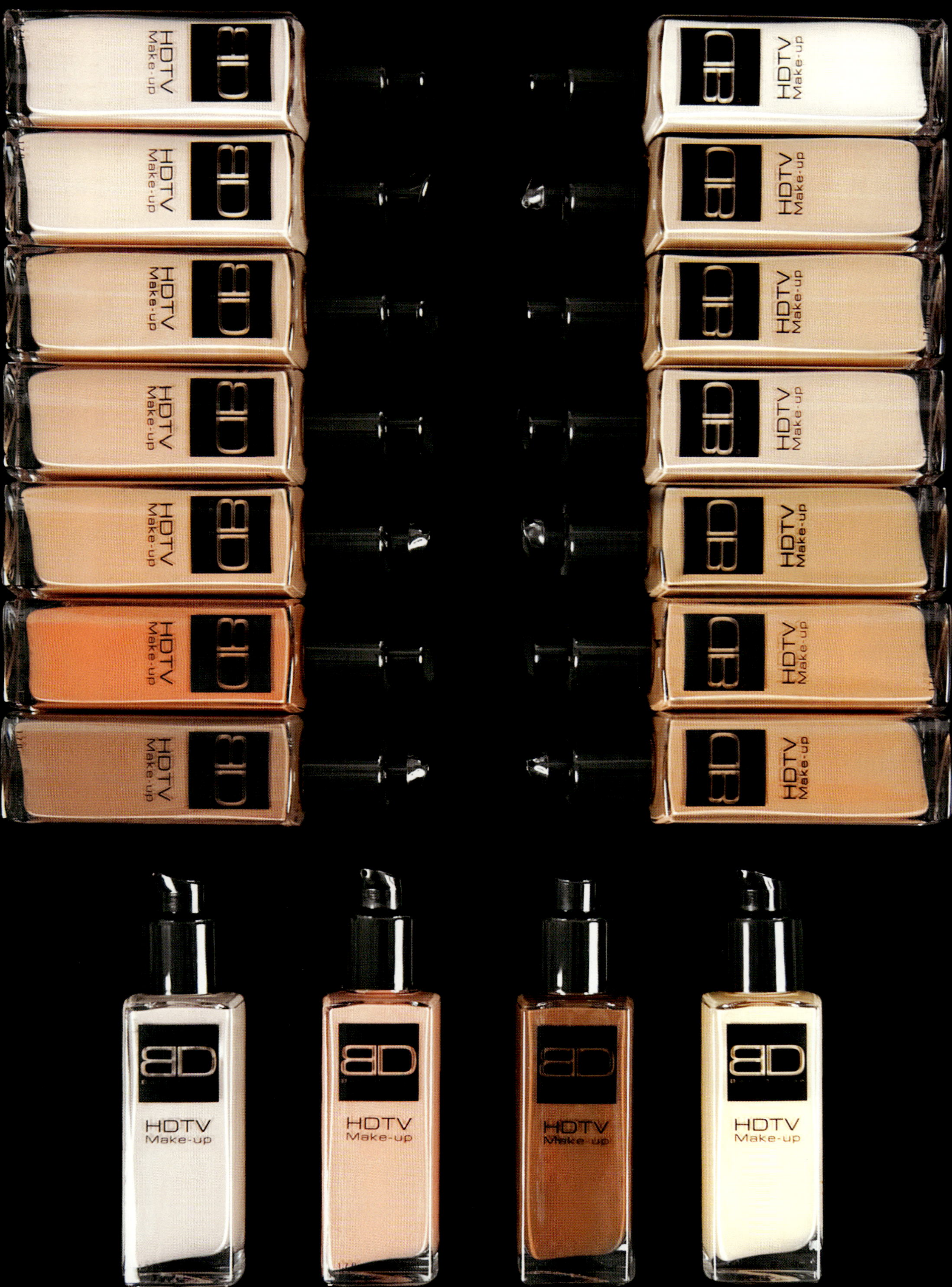
HDTV
Make-up
HDTV
Make-up
HDTV
Make-up
HDTV
Make-up

Ausstattung

Lidschatten

Zur Grundausstattung eines Visagisten zählen Lidschatten in verschiedenen Farben und Qualitäten. Dazu zählen matte und glänzende Töne sowie kalte und warme Farben. Puderlidschatten mit einem hohen Pigmentanteil gewährleisten eine satte Farbgebung, können aber auch dezent aufgetragen werden – je nach gewähltem Werkzeug. Lidschatten mit einer feinen Pigmentmikronisation lassen sich leicht einblenden und verteilen. Greifen Sie zum Verstauen Ihrer Lidschatten zu Lidschattenpaletten, denn die ermöglichen eine individuelle Farbzusammenstellung und einen besseren Überblick. Hochwertige Lidschatten sind heute mikronisiert, das heißt, dass die Puderteilchen um ein Vielfaches feiner sind und somit weicher und leichter im Auftrag.

Anwendung: Je nach Wahl der Werkzeuge (Pinsel, Applikatoren, usw.) können Lidschatten transparent bis sehr intensiv aufgetragen werden. Die Farben können für Lidschatten, Augenbrauen, als Wangenrouge und zum Konturieren verwendet werden.

53

Ausstattung

55

Ausstattung

Eyeliner

Zu fast jedem Make-up gehört auch Eyeliner, der – wenn es die Augenform zulässt – die Augen betont und Eleganz und Glamour verleiht. Eyeliner muss dabei nicht immer nur schwarz, grau oder braun sein; es gibt mittlerweile Eyeliner in den verschiedensten Farben und damit für jeden Look die passende Nuance. Ob in leuchtendem Orange, trendigem Pink oder klassischem Schwarz sind beim Schminken mit Eyelinern fast keine Grenzen gesetzt und auch gezeichnete Tattoos oder Ornamente gelingen. So können Sie auch inzwischen langweilige Tattoos auffrischen.

Anwendung: Flüssigen Eyeliner direkt mit dem schmalen Pinsel auftragen und trocknen lassen. Bei Eyeliner an den Augen, die Augenlider nicht zu früh öffnen.

Tipp: Eyeliner kann auch als farbige Wimperntusche benutzt werden!

Wimperntusche

96% aller Frauen benutzen schwarze Wimperntusche. Es gibt auch farbige Wimperntuschen, die zwar modisch, aber auch etwas gewöhnungsbedürftig sind. Den größten und natürlichsten Effekt erzielen Sie aber mit schwarzer Wimperntusche. Benutzen Sie wasserfeste Tusche nur, wenn das Make-up mit Wasser in Berührung kommt, z.B. bei Unterwassershootings, aber auch für ein Hochzeits-Make-up, denn hier sind Tränen vorprogrammiert. Wasserfeste Wimperntusche ist nicht so leicht zu entfernen, wie normale Tusche, deshalb Vorsicht bei empfindlichen Augen.

Anwendung: Wimpern mehrmals von unten und oben tuschen und die Bürste am Wimpernansatz hin und her bewegen. Ziehen Sie dann die Bürste zu den Spitzen raus. Achten Sie aber darauf, die Spitzen nicht zu oft zu tuschen, um ein Verkleben der Wimpern (Fliegenbeine) zu verhindern, es sei denn dies ist gewollt. Je öfters getuscht wird, umso größer ist der Effekt.

Ausstattung

Spezielle Effekte

Lose Farbpigmente

Farbpigmente in loser Form kreieren zauberhafte Glanzeffekte und sind in vielen Nuancen erhältlich.

Anwendung: Mit Pinsel oder Applikator auftragen. Seien Sie bei der Entnahme sehr vorsichtig und verwenden Sie wenig Material, da die Pigmente sehr farbintensiv sind. Auch eventuell herabfallende Pigmente vorsichtig entfernen, um das Gesicht nicht zu verfärben. Die Pigmente können Sie auch mit Wasser anmischen und feucht auftragen. Das Farbergebnis ist sehr kräftig, ebenso die Deckkraft.

Glanzpuder

Mikrofeiner Glanzpuder eignet sich besonders gut für Spezialeffekte oder um Highlights zu setzen. Sie können Glanzpuder auch feucht auftragen! Für Foto-Make-up ist der Puder jedoch nicht immer geeignet, da er das Licht reflektiert und so unschöne Schatten im Gesicht entstehen können.

Glimmer fein

Glimmer verleiht dem Look eine Extraportion Glamour und Extravaganz. Er kann für alle aufwändigen Make-ups, wie dem Gala- oder Fantasie-Make-up eingesetzt werden. Glimmer ist in verschiedenen Nuancen und Stärken erhältlich.

Anwendung: Verwenden Sie als Unterlage für den Glimmer Lippenfarben, denn auf trockener Unterlage haften die Partikel nicht.

Achtung: Verwenden Sie als Unterlage kein Gloss, denn durch den Kriecheffekt kann der Glimmer ins Auge gelangen und Reizungen hervorrufen.

Profi-Tipp: Störende Teilchen entfernen Sie am einfachsten, indem Sie diese mit Klebestreifen wegtupfen.

Glimmer grob

Glimmer gibt es auch in einer groberen Variante. Die größeren Partikel sind besonders für Spezialeffekte und ausgefallene Make-ups geeignet oder auch für Make-up-Effekte, die auf große Distanzen wirken müssen.

Anwendung: Gleich wie der feine Glimmer.

Strasssteinchen

Strasssteine sind in unzähligen Farbnuancen erhältlich und funkeln im Licht wie Edelsteine! Sie kreieren sehr edle Effekte für alle außergewöhnlichen Make-ups.

Anwendung: Strasssteinchen werden mit Hilfe von Wimpernkleber und einer Pinzette genau platziert.

Es gibt eine Vielzahl an Effekten, wie Pailletten, halbe Perlen, Sternchen, usw., die dem Make-up einen Hauch Extravaganz verleihen. Applizieren können Sie diese im Gesicht, am Hals oder auf dem Dekolleté – der Fantasie sind fast keine Grenzen gesetzt. Verwenden Sie zum Anbringen Wimpernkleber.

Künstliche Wimpern

Wimpernperücken sorgen für einen einzigartigen Augenaufschlag. Es gibt sie in zwei Formen; als Einzelwimpern oder Wimpernband.

Einzelwimpern

Einzelwimpern, die es in vier verschiedenen Längen (kurz, mittel, lang, extralang) gibt, werden büschelweise zwischen die eigenen Wimpern gesetzt und verdichten den Wimpernkranz auf natürliche Art. Sie werden nach dem Tuschen der Wimpern gesetzt.

Beginnen Sie beim Setzen der Einzelwimpern mit langen Wimpern am äußeren Augenwinkel, in der Mitte Wimpern mittlerer Länge applizieren und zum inneren Augenwinkel hin schließlich kurze setzen. Wenn Sie einen extremeren Effekt erzielen möchten, dann beginnen Sie am äußeren Augenwinkel mit extralangen Wimpern, dann lange und innen schließlich Wimpern mittlerer Länge kleben. Generell sind die äußeren Wimpern am wichtigsten, da man diese auch bei geöffnetem Auge sieht.

Anwendung: Entnehmen Sie die Einzelwimpern mit einer Pinzette aus dem Blister. Ein Holzstäbchen mit Wimpernkleber tränken und die Wurzel der Wimpernbüschel in den Kleber tauchen. Heben Sie das bewegliche Lid leicht an und legen Sie die Wimpern auf die eigenen Wimpern auf und fahren dann zum Ansatz hoch. Das nächste Wimpernbüschel wird ca. drei Millimeter daneben gesetzt. Das Ergebnis sind volle, lange Wimpern. Falls sich doch ein Büschel lösen sollte, fällt das bei so gesetzten Wimpern nicht markant auf.

Wimpernperücken

Wimpernbänder, d.h. komplette Wimpernperücken, gibt es in unzählig vielen Formen und Stärken, Farben und Längen. Die Bänder müssen meistens in der Länge etwas gekürzt werden, denn sie dürfen nicht länger sein als der eigene Wimpernkranz. Sie werden vor dem Tuschen der Wimpern geklebt.

Anwendung: Die Wimpernbänder bei Bedarf etwas kürzen, Wimpernkleber auf den Wimpernrand auftragen und etwas antrocknen lassen. Dann den Wimpernkranz auf den Ansatz der eigenen Wimpern in der Mitte fest andrücken, dann links und rechts andrücken. Augen kurz öffnen und kontrollieren, ob sie richtig sitzen, dann Augen nochmals schließen, eventuell korrigieren oder einfach nochmals festdrücken. Wenn der Wimpernkleber getrocknet ist, die Wimpernperücke mit den echten Wimpern zusammentuschen und so verbinden.

Ausstattung

Wimpern zum Klimpern

Ob Einzelwimpern oder Wimpernband, von natürlich bis extravagant – mit künstlichen Wimpern erzielen Sie die unterschiedlichsten Effekte und Hingucker.

Supermodel
In den 60er Jahren ein Trend und heute wieder: dichte, lange Wimpern.

Natürliche Wimpern
Diese sehr natürlichen Wimpern lassen sich aufgrund ihrer nicht so regelmäßigen Anordnung fast nicht von echten Wimpern unterscheiden. Eigenen Wimpern kann so mehr Fülle verliehen werden, aber auch bei Chemopatienten kommen sie zum Einsatz.

Filmstar
Diese Wimpernbänder in verschiedenen Größen eignen sich für jeden Anlass: schwarz, neutral und absolut basic.

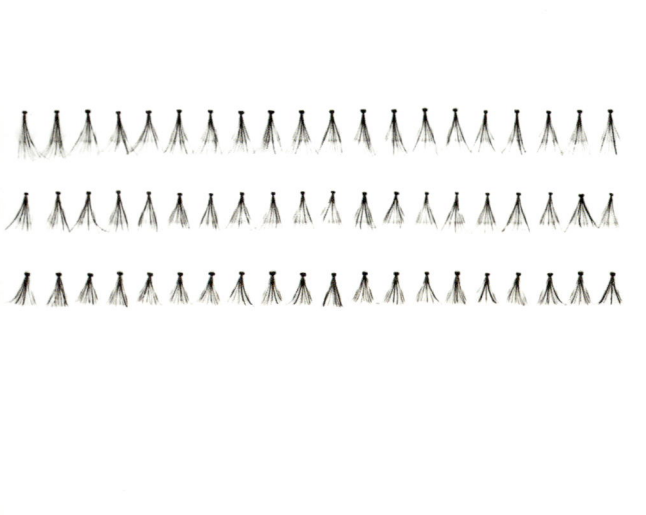

Einzelwimpern gemischt
Kurze, mittlere und lange Wimpernbüschel, die einzeln zwischen die eigenen Wimpern gesetzt werden – für sehr natürliche Wimpernverdichtungen.

Wimpern dreiviertel
Dreiviertelwimpern müssen von der Bandbreite her nicht gekürzt werden, sie passen immer. Für Anfänger gut geeignet, sehr leicht zu kleben.

Einzelwimpern
Einzelwimpern gibt es in verschiedenen Längen: kurz, mittel, lang, extralang – durch die unterschiedlichen Längen können die Wimpern sehr natürlich gestaltet werden.

Schräge Wimpern
Schräge Wimpern für schräge Make-ups, durch ihre Form wirken sie sehr dynamisch. Ausprobieren!

Ausstattung

Unterlidwimpern
Für den „Wow"-Effekt! Unterlidwimpern machen ein Augen-Make-up perfekt, Sie brauchen aber etwas Übung zum Kleben.

Papierwimpern
Im Zeitalter des Recyclings sind Papierwimpern der neuste Hit – für Fotoshootings und Modenschauen oder einfach für verrückte Party-Make-ups.

Extremwimpern:
Manchmal muss es extrem sein – große Wimpern für große Auftritte. Aber auch bei Fotoshootings sehr effektvoll (siehe auch Fantasie-Make-up).

Federwimpern
Federleicht und alles andere als alltäglich sind diese Wimpern für den ganz besonderen „Augen"-Blick.

Wimpern mit Strass
Wimpern mit Strasssteinchen zaubern für Bühnen-Make-ups oder passend zu einem Gala-Make-up tolle Effekte.

Bunte Wimpern
Wimpern müssen nicht immer schwarz sein – setzen Sie aufregende Akzente mit bunten Wimpern, z.B. mit braunen Wimpern für ein bezauberndes Nude-Make-up.

Stoffwimpern
Mit Stoff überzogene Wimpern sind Haute-Couture für die Augen!

Raffiniert, Raffiniert
Raffinierte Formen für raffinierte Looks!

Ausstattung

Konturenstifte
Konturenstifte, die es in unzählig vielen Farben gibt, sind für Augen und Lippen gleichermaßen geeignet. Achten Sie darauf, dass die Stifte nicht zu hart sind, um Verletzungen zu vermeiden.

Die Farbe des Konturenstiftes für die Lippen sollte generell auf die Lippenstiftfarbe abgestimmt sein, eventuell ein paar Nuancen dunkler. Aber auch hier gibt es natürlich die berühmte Ausnahme von der Regel, jeweils abhängig vom Look.

Helle cremefarbene Nuancen eignen sich gut als Aufheller für Augenschatten und das Augeninnenlid, um das Auge optisch zu vergrößern. So können auch Rötungen rund um die Lippenkontur aufgehellt und Hautunregelmäßigkeiten wie Pickel abgedeckt werden.

Anwendung: Vor jeder Anwendung mit einem Anspitzer die oberste Schicht der Miene wegnehmen, dann ist der Stift hygienisch. Drücken Sie beim Auftragen nicht zu stark auf.

Lippenlack
Für verführerischen Glanz auf den Lippen ist Lippenlack ein Muss – ob solo oder über der Lippenfarbe, glänzende Lippen wirken so frischer und lebendiger.
Anwendung: Um hygienisch zu arbeiten, streifen Sie den Lackapplikator an einem Metallspatel ab und nehmen von dort den Lack mit einem Lippenpinsel auf und tragen ihn auf.

Ausstattung

Lippenfarben
Lippenfarben eignen sich nicht nur für die Lippen, sondern können auch als Cremerouge und Cremelidschatten oder sogar zum Konturieren des Gesichtes eingesetzt werden. Die Farben gibt es in matt und glänzend oder in glossiger Form. Matte Farben halten in der Regel am besten und längsten. Kussechte Lippenfarben sind oft extrem matt und beinhalten meist einen hohen Puderanteil, wodurch sie die Lippen austrocknen können.

Kaufen Sie Lippenfarben in Pfännchen, die haben den Vorteil, dass sie nach Wunsch übersichtlich in Paletten geordnet werden können. Das ist in der Handhabung einfacher als eine Vielzahl an Lippenstiften aufzudrehen und hinzustellen.

Anwendung: Farbe mit einem Spatel entnehmen und mit einem Lippenpinsel auftragen. Lippenfarben können auch miteinander gemischt werden und eignen sich ebenso als Unterlage für Glimmer. Wenn Sie die Farben als Rouge benutzen, applizieren Sie diese mit einem Grundierungspinsel, mit einem Schwämmchen oder den Fingern.

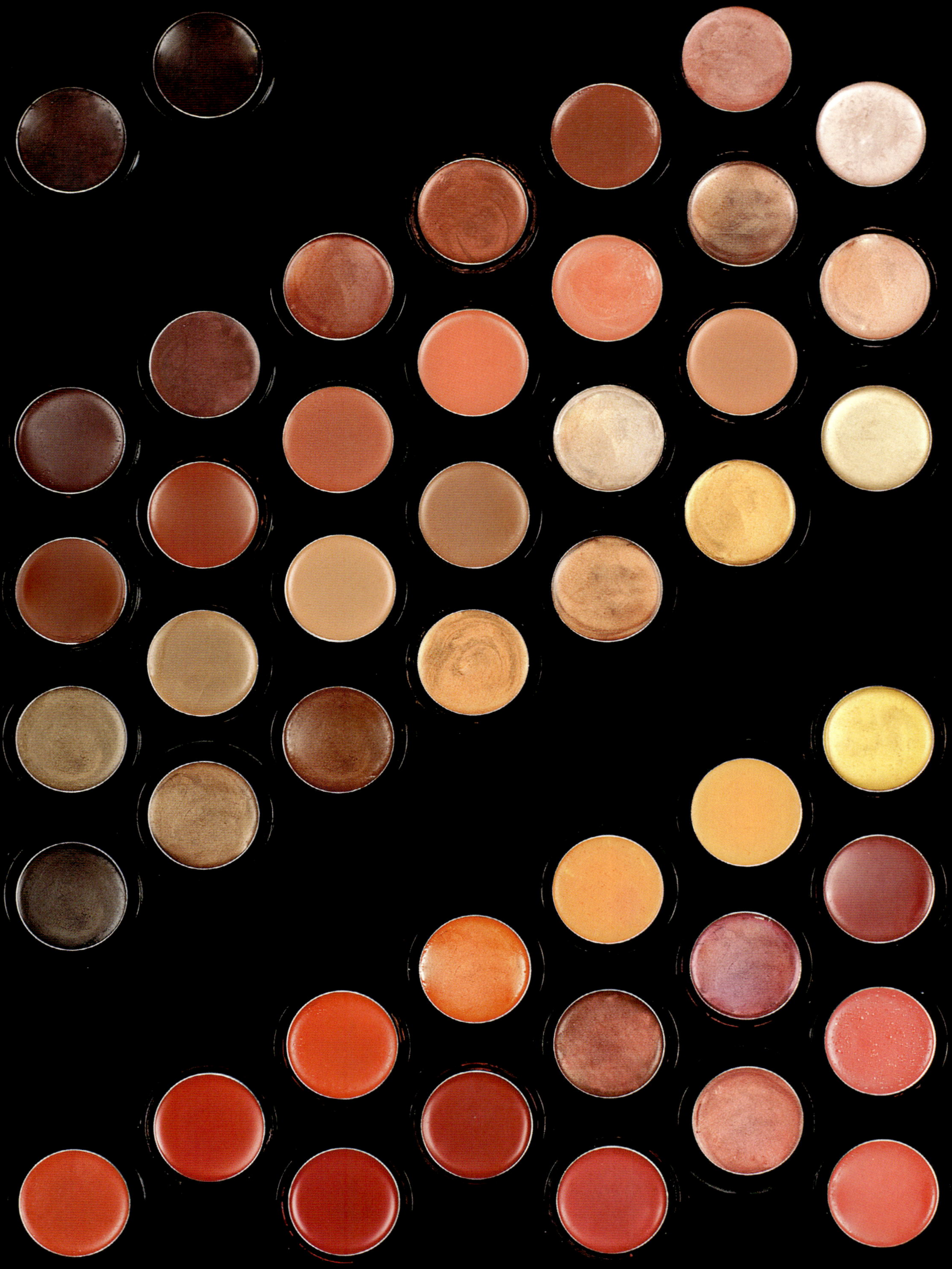

Neben den genannten Produkten gibt es noch eine Reihe nützlicher und unentbehrlicher Dinge. So eignet sich eine **Pinseltasche** hervorragend zum Verstauen der Pinsel, denn so sind sie übersichtlich angeordnet und verschmutzen nicht. Neben den Pinseln brauchen Sie auch einen Spatel, eine Pinzette, Anspitzer, Gesichtsquaste, Make-up-Schwämmchen und Pinselreiniger. Auch **Händedesinfektionsmittel** sollte in jedem Schminkkoffer vorhanden sein. Ihre Hände kommen ständig mit Bakterien und Keimen in Berührung, die Krankheiten auslösen und übertragen können. Gerade beim Schminken und dem ständigen Kontakt mit Haut und Gesicht, sind hygienisch saubere Hände aber ein Muss. Da Wasser und Seife nicht immer verfügbar sind, bietet Händedesinfektion die schnelle Lösung. Einfach eine kleine Menge in die Hände geben und mit Handwaschbewegungen verteilen.

Ein unentbehrlicher Helfer bei Make-up- oder Schminkberatung ist auch ein sogenanntes **Facechart** – eine Gesichtsskizze, auf der alle für das Make-up verwendeten Farben exakt wie im Gesicht platziert werden. Die Farben werden dann am Rand mit Namen aufgeführt. Bei Hochzeits-Make-ups oder Fotoshootings ist ein Facechart vom Probe-Make-up dann für das eigentliche Make-up eine sehr wichtige Gedächtnisstütze und eine Art „Fahrplan" für Sie. Es hilft Ihnen nichts zu vergessen, und das Make-up sieht genau so aus wie im Vorfeld geprobt und besprochen. Auch für Ihre KundInnen ist ein Facechart eine nützliche Hilfe, wenn der Look Zuhause nachgeschminkt wird. Denken Sie auch daran, immer **Visitenkarten** von sich dabei zu haben. Das wirkt professionell und Sie können interessierten Kunden schnell Ihre Kontaktdaten weitergeben.

Beni Durrer
Visagistensch
Make-up
Kosmetik
Haare
DaySpa
Produkte
Beni Durrer
Geschäftsführer
Kreativdirektor
Motzstraße 23
10777 Berlin
030 - 210 198 00
www.durrer.de
beni@durrer.de
Beni Durrer
Lippenlack:
Rouge:
Konturierung:

Farbenlehre

Das wichtigste Handwerkszeug Ihrer Arbeit als Visagist, neben den Pinseln, sind die Farben, mit denen Sie schminken, hervorheben, kaschieren, verändern. Dabei steht nicht jedem Menschen jede Farbe gleichermaßen gut, nicht jede Farbe erzielt den gewünschten Effekt. Die Farbenlehre beschäftigt sich intensiv mit der Funktion und Wirkung von Farben. Dieses Wissen ist sehr wichtig, damit Sie die individuell richtigen Farben zusammenstellen. Und das Wissen von Licht und Schatten und der damit verbundenen Plastizität hilft Ihnen beim Kaschieren bzw. Hervorheben von Formen.

1. Farbtypenlehre

Jeder Mensch besitzt nach der Farbtypenlehre einen von Geburt an festgelegten Farbtyp. Denn obwohl Menschen sehr verschieden aussehen können, kann man sie entweder in warm- oder kalttonige Farbtypen einteilen. Neben dieser sehr grundlegenden Unterscheidungen treten weitere Differenzierungen mit Bewertungskriterien wie Farbintensität und Farbmischungen zwischen warm und kalt. Diese Warm- oder Kalttonigkeit der Haut hängt dabei von der Haarfarbe (original, nicht gefärbt), der Augenfarbe und der Haut ab. In der heutigen Zeit gelten jedoch beim Make-up keine starren Regeln mehr. Demnach darf auch ein kalttoniger Typ in einem warmen Lindgrün oder Nougatbraun geschminkt werden. Kontraste zwischen warmen und kalten Farben erzeugen Spannung – genau wie in der Mode, die ebenfalls mit Warm- und Kalttönen spielt. Ist dagegen beim Make-up ein sehr harmonisches Erscheinungsbild gefragt, sollten die gewählten Farben alle aus einer Tongruppe (warm oder kalt) stammen.

Die Theorie der Einteilung von Menschen in Farbtypen geht auf den Schweizer Maler und Kunstpädagogen Johannes Itten (1888–1967) zurück. Er untersuchte die Wirkung von verschiedenen Farben auf die Gesichtszüge. Darauf aufbauend entwickelte sich später die Farbtypenlehre. Sie ordnet aufgrund des individuellen Hauttons und der Augen- und Haarfarbe bestimmte Farbtabellen für

Johannes Itten:
Kunst der Farbe.
Urania Verlag,
28. Auflage 2003, S. 31

Make-up und Kleidung zu. So soll das Äußere eines Menschen optimal zur Geltung gebracht werden, indem die gewählten Farben optimal mit dem jeweiligen Farbtyp harmonieren sollen.

Natürlich entscheidet nicht allein das Make-up über die Wirkung eines Menschen, auch Kleidung, Haarfarbe, Schmuck und auch Form und Materialien prägen das Erscheinungsbild. Doch eine ausführliche Typberatung ist Aufgabe einer Farb- und Stilberaterin. Ihre Aufgabe als Visagist besteht darin, das Make-up auf den Typ der Kundin abzustimmen und alles zu einem harmonischen Gesamterscheinungsbild zusammenzufügen.

2. Farbkreis nach Itten

Wichtig beim Schminken ist natürlich auch die Wirkung der gewählten Farben untereinander. Möchten Sie also z.B. grüne Augen hervorheben, so wählen Sie am besten zur Betonung die Komplementärfarbe Lila. Zu Beziehung und Harmonie der Farben untereinander, gibt es eine Reihe von Theorien. So entwickelte Johannes Itten einen 12-teiligen Farbkreis, der im Zentrum auf den drei Grundfarben **Gelb, Rot und Blau** beruht. Diese Farben erster Ordnung sind umgeben von jeweils zwei gemischten Grundfarben. Es entstehen die Farben zweiter Ordnung: **Orange (Gelb plus Rot), Grün (Gelb plus Blau) und Violett (Rot plus Blau)**. Die Farben dritter Ordnung schließlich entstehen durch Mischen einer Farbe der ersten Ordnung mit einer Farbe der zweiten Ordnung: Es entstehen die Tertiärfarben: **Gelborange, Rotorange, Rotviolett, Blauviolett, Blaugrün und Gelbgrün** mit deren Zwischenstufen. Im Farbkreis von Itten fehlen jedoch die beiden „unbunten" Grundfarben Weiß und Schwarz, die er selbst als Nichtfarben bezeichnet.

Farbkreis von Itten und Make-up

Die Farben in Ittens Farbkreis folgen der Ordnung des Regenbogens und des Spektralfarbbandes. Farben, die sich im Kreis gegenüberliegen, werden **Komplementärfarben** genannt. Die Farben stehen jeweils in Kontrast zueinander, wobei der stärkste Kontrast bei genau gegenüberliegender Positionierung entsteht.

Für die Praxis bedeutet das ganz konkret: Komplementärfarben verstärken sich gegenseitig in ihrer Wirkung. So können Sie z.B. braune Augen durch einen Blauton oder grüne Augen mit einem Lilaton hervorheben und die Wirkung der Augenfarbe verstärken. Fehlen solche Farbkontraste beim Make-up oder werden nur Farben einer Farbfamilie gewählt, fehlt einem Look oftmals die Spannung.

3. Tonhöhen

Jede einzelne Farbe hat eine Tonhöhe bzw. liegt auf einer Tonhöhe. Schwarz als dunkelste Farbe liegt dabei ganz unten und Weiß ganz oben. Eine Farbe kann aber auch verschiedene Tonhöhen haben; so kann ein sehr heller Orangeton eher im oberen Bereich, ein sehr dunkler Orangeton dagegen im unteren Bereich der Tonhöhen liegen. Um dem Make-up Höhen und Tiefen und damit Struktur zu geben, ist es wichtig Farben verschiedener Tonhöhen zu wählen. So können zwei unterschiedliche Farben wie Orange und Grün, die aber auf der gleichen Tonhöhe liegen, beim Make-up nicht den gewünschten Effekt von Höhen und Tiefen erzielen.

Anhand dieser Beispiele sehen Sie die Unterschiede in den Tonhöhen und damit das Wirken von Höhen und Tiefen auf die Plastizität:

Bei diesen Beispielen liegen die Farben jeweils auf der gleichen Tonhöhe, Höhen und Tiefen fehlen, alles wirkt flächig.

Farbenlehre

4. Warme und kalte Farben

Die meisten Farben kann man entweder der warmen oder der kalten Farbgruppe zuordnen. Es gibt nur wenige neutrale Farben. Durch das Beimischen von Gelb wirken Farben warm, wird dagegen Blau hinzu gemischt, erhält die Farbe einen kühlen Ton. Dabei kann, wie das Beispiel zeigt, durch Beimischen von Blau aber auch ein Gelbton kalt sein.

Beispiele von warmen Farben:

Beispiele von kalten Farben:

„Zitrone" „Honig"

Der Zitrus-Ton hat einen Blaustich und ist daher kalt. Die Honigfarbe wirkt dagegen eindeutig warm.

Wenn Sie sich nicht sicher sind, ob eine Farbe warm oder kalt ist, hilft Ihnen der Vergleich mit Gold (warm) und Silber (kalt). Hier kann Ihnen aber auch eine Farbe der gleichen Farbfamilie, die man eindeutig dem Warm- oder Kaltbereich zuordnen kann, weiterhelfen.

„Frosch" „Klee" „Apfel"

Decken Sie die beiden äußeren Farben ab und überlegen Sie sich, ob die Farbe in der Mitte, „Klee", warm oder kalt ist. Vergleichen Sie „Klee" mit „Frosch", der eindeutig kalt ist. Die beiden Farben harmonieren nicht miteinander. Decken Sie „Frosch" wieder zu und vergleichen Sie „Klee" mit „Apfel". Hier sehen Sie eindeutig, dass „Klee" harmonisch zu dem warmen Apfelton passt. Also ist „Klee" warm.

„Kaffeebohne" „Schlamm" „Kaffee"

Bei diesem Beispiel erkennen Sie, dass die Töne „Kaffeebohne" und „Schlamm" kalt sind, „Kaffee" dagegen ist warm.

"Rose" "Romantik" "Sexy"

Die Farben „Romantik" und „Rose" sind kalt, der Ton „Sexy" ist warm.

Beim nächsten Beispiel sehen Sie einen länglichen und einen breiten Kreis – auch hier sind beide Kreise wieder gleich groß bzw. haben die gleiche Form. Durch die dunkle Schattierung an den Seiten wirkt der linke Kreis schmaler. Durch die Schattierung oben und unten wirkt der rechte Kreis breiter, bzw. nicht so hoch. Durch diese Schattierungen können Sie z.B. runde Gesichter länglicher erscheinen lassen.

5. Licht und Schatten

Durch Licht und Schatten entstehen plastische Formen, denn:

Hell lässt hervor- und dunkel lässt zurücktreten.

Ein sehr wichtiger Grundsatz für Visagisten! Sehen Sie sich die beiden Kreise genau an. Der untere scheint größer zu sein als der obere. In Wirklichkeit sind aber beide Kreise exakt gleich groß. Allein durch die unterschiedlichen Schattierungen wirken sie größer oder kleiner. Dieses Wissen können Sie z.B. auf die Form der Augen oder der Lippen anwenden, die Sie durch die richtige Schattierung optisch kleiner oder größer schminken können.

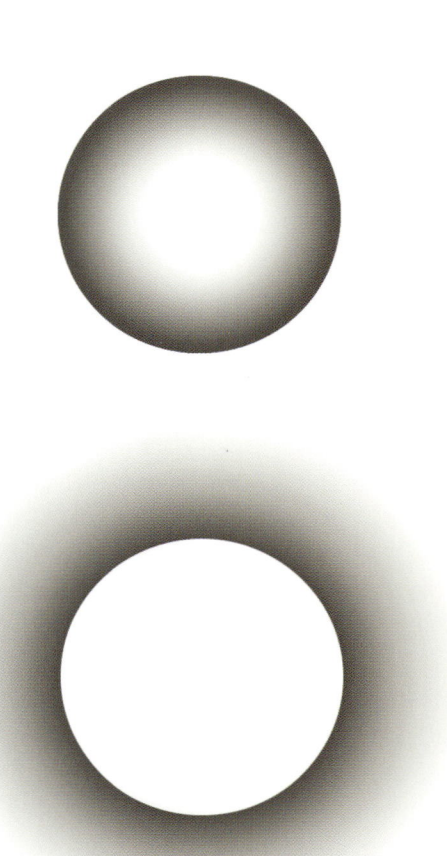

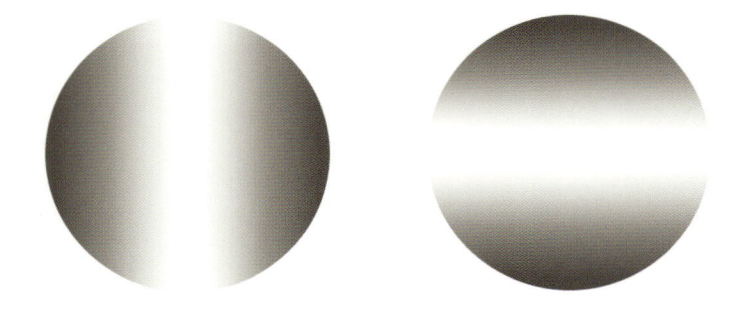

Farbverläufe

Bei den folgenden vier Bildern erkennen Sie die Farbverläufe von dunkel nach hell. Beim ersten Bild sehen Sie Schwarz und Weiß. Das zweite Bild zeigt, was passiert, wenn man Schwarz und Weiß mischt, in der Mitte entsteht Grau. Den Farbverlauf von Schwarz nach Weiß mit vielen Graustufen demonstriert das dritte Bild. Beim vierten Bild schließlich wurden diese Abstufungen weich verwischt, verblendet, ausgesoftet. Und genau diesen weichen Farbverlauf gilt es, beim Schminken und Schattieren zu erzielen.

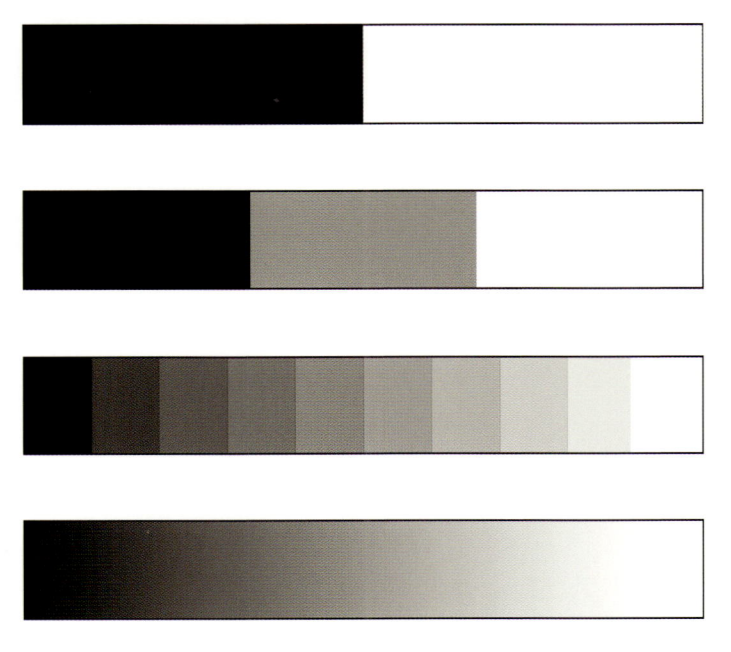

Gesichtsformen

Ob oval, rund oder birnenförmig – es gibt viele Gesichtsformen. Die ideale Gesichtsform ist zwar das ovale Gesicht, doch die meisten Gesichter weisen eine Mischform auf. Durch Schattieren oder Konturieren können Sie als Visagist die Gesichtsform optisch verändern. Dabei gilt immer der Grundsatz:

Hell lässt hervor-, dunkel lässt zurücktreten.

Es gibt verschiedene Arten, die Gesichtsform zu konturieren. Sie können dies gleich zu Beginn des Make-ups mit einer hellen oder dunklen Grundierung durchführen, oder aber Sie verwenden hierfür Gesichtspuder in verschiedenen Tönen. Es eignen sich auch Lidschattenfarben in hellen und dunklen Nuancen, die dem Hautton entsprechen. Achten Sie beim Schattieren darauf, dass Sie den dunkelsten Farbton außen platzieren und dann nach innen zur Gesichtsmitte extrem weich auslaufend arbeiten; egal ob mit Make-up, Puder oder Lidschatten. Bei Tageslicht sollte die Schattierung oder Konturierung nicht zu stark sein, denn das kann schnell zum unerwünschten „Schatten-Effekt" im Gesicht führen.

Wenn Sie aber für Film und Fernsehen, Fotografie oder Laufsteg schminken, müssen Sie die Gesichtskonturen eventuell deutlich stärker betonen. Das grelle Licht würde das Gesicht sonst flach und ausdruckslos erscheinen lassen. Verwenden Sie hierzu Farben, die dem natürlichen Hautton entsprechen und ca. zwei Nuancen dunkler sind. Achten Sie auf fließende Übergänge, hierzu eignet sich ein Konturierungspinsel (abgeschrägt) am besten.

Im Folgenden stellen wir Ihnen die verschiedenen Gesichtsformen vor und erklären, wie sie durch Make-up optimal kaschiert bzw. betont werden.

Achtung: Eine Schattierung oder Konturierung hat NICHTS mit dem Wangenrouge zu tun! Im Gegensatz zum Modellieren des Gesichts, hat Rouge die Aufgabe dem Gesicht Frische zu verleihen. Das Wangenrouge beinhaltet das Wort „Rouge" (französisch) und heißt auf Deutsch „Rot". Das Wangenrouge sollte von der Farbe her immer zum Lippenstift passen. Verwenden Sie hierzu vorzugsweise einen runden Rougepinsel und lassen ihn kreisrund über die Wangen gleiten, während das Model lächelt. So treten die Wangen hervor und Sie wissen, wo das Rouge platziert werden muss (beginnend am höchsten Punkt).

Die ovale Gesichtsform

Das ovale Gesicht entspricht der idealen Gesichtsform. Eine Korrektur ist nicht nötig, denn das Gesicht erscheint ausgeglichen und sehr harmonisch. Die Haare können von Menschen mit ovalem Gesicht auf vielfältige Weise getragen werden, da eine Frisur hier nicht ausgleichen muss.

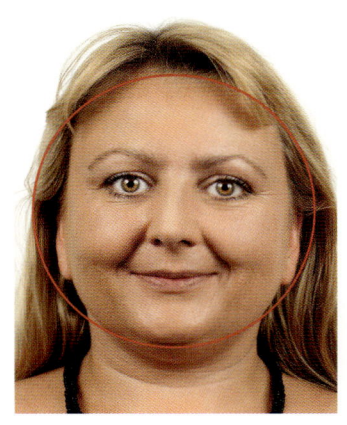

Das runde Gesicht

Die runde Gesichtsform zeichnet sich dadurch aus, dass der Abstand vom Kinn zur Stirn dem Abstand von einem Ohransatz zum anderen entspricht. Um das Gesicht schmaler erscheinen zu lassen, dunkeln Sie die Seiten ein. So nehmen Sie dem Gesicht die Flächigkeit und verleihen ihm Kontur. Tragen Sie dafür von der Ohrmuschel aus, nach unten und oben einen dunklen Ton auf und blenden Sie diesen dann zur Gesichtsmitte hin aus. Die Frisur sollte bei einem runden Gesicht an den Seiten kein Volumen auftragen, denn dies würde das Gesicht noch breiter erscheinen lassen.

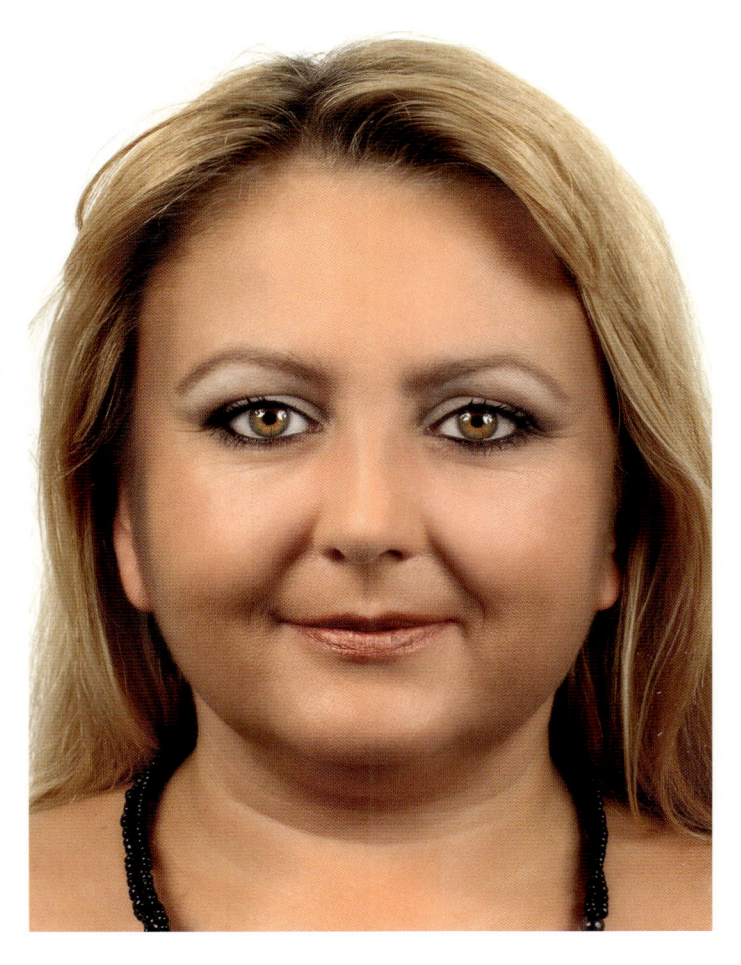

Gesichtsformen

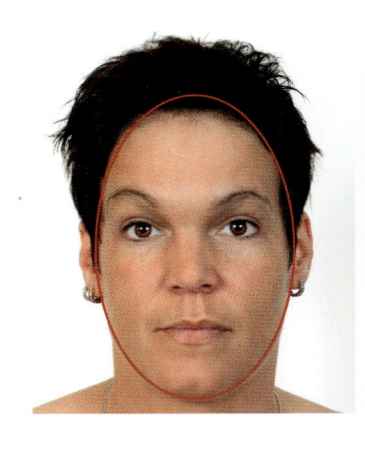

Das längliche Gesicht

Bei einem langen, schmalen Gesicht müssen Sie das Kinn und die Stirn dunkel einblenden, um optisch zu verkürzen und dem Gesicht so die Länge zu nehmen. Dunkeln Sie die Stirn vom Haaransatz ausgehend ein und lassen Sie die Schattierung dann nach unten auslaufen. Das Kinn dann von unten nach oben auslaufend schattieren. So erscheint das Gesicht „verkürzt". Achten Sie bei den Schattierungsfarben darauf, dass sie der Gesichtsfarbe angepasst etwas dunkler sind. Die Haare sollten bei einem länglichen Gesicht an den Seiten nicht zu lang getragen werden, die Länge des Gesichts würde noch mehr betont. Ein Pony hilft beim Kaschieren.

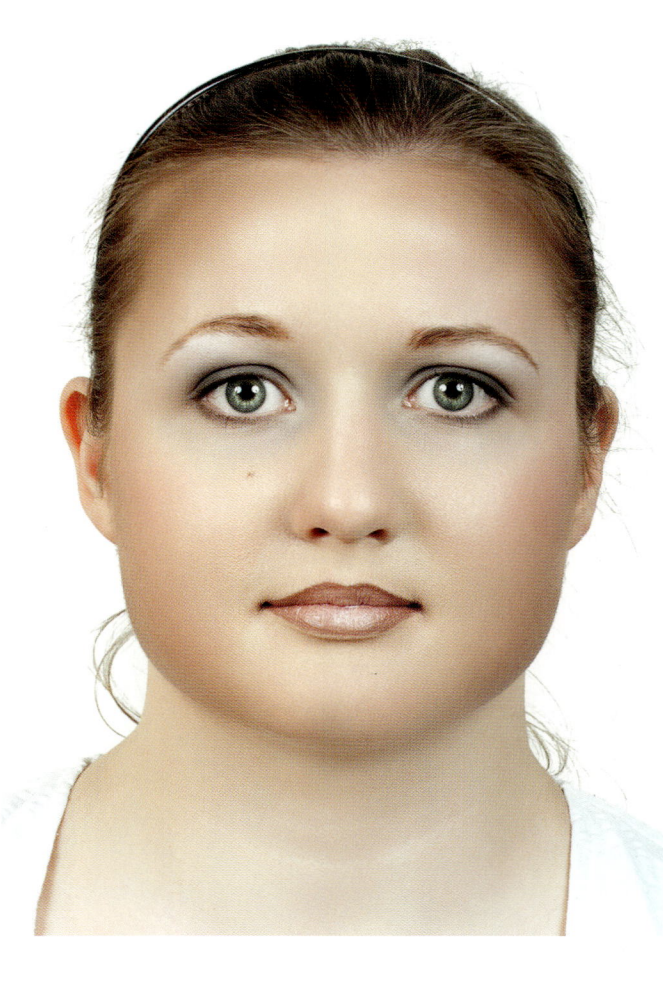

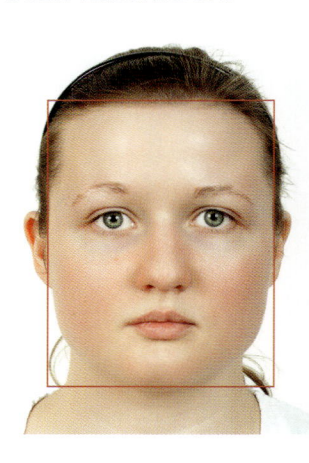

Das eckige Gesicht

Das eckige Gesicht wirkt oft sehr hart und maskulin. Um es weicher erscheinen zu lassen, müssen alle vier Ecken in dunklen Tönen eingeblendet werden. Beginnen Sie am Stirnansatz in den Ecken und lassen Sie die Farbe nach vorne hin auslaufen. Dunkeln Sie auch die unteren Ecken an den Kieferknochen vorsichtig ein; achten Sie jedoch unbedingt auf die Farbe, damit kein „Bartschatten" entsteht. Durch eine Frisur mit Pony und die Seiten fransig ins Gesicht fallend, kann dem Gesicht ein wenig die Härte genommen werden.

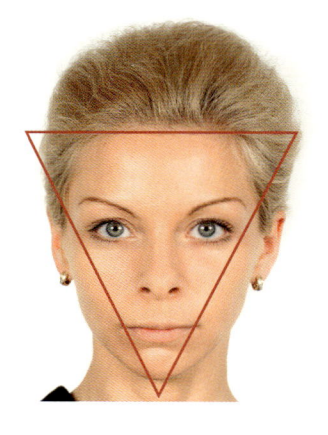

Das dreieckige Gesicht

Das Gesicht erscheint bei dieser Form wie ein Dreieck mit einer breiten Stirn und einem langen, spitzen Kinn. Das Gesicht erscheint hager. Hier werden Schläfen und das Kinn eingedunkelt. Dazu werden die Schläfen beginnend am Haaransatz und zur Gesichtmitte hin fein auslaufend, dunkel eingeblendet. Das Kinn, ähnlich wie beim länglichen Gesicht, von unten her eindunkeln und nach oben hin schattieren. Bei den Haaren seitliches Volumen in Kinnhöhe, auf keinen Fall am Oberkopf, da sonst das im oberen Bereich breite Gesicht noch breiter erscheint und das Kinn noch spitzer wirkt.

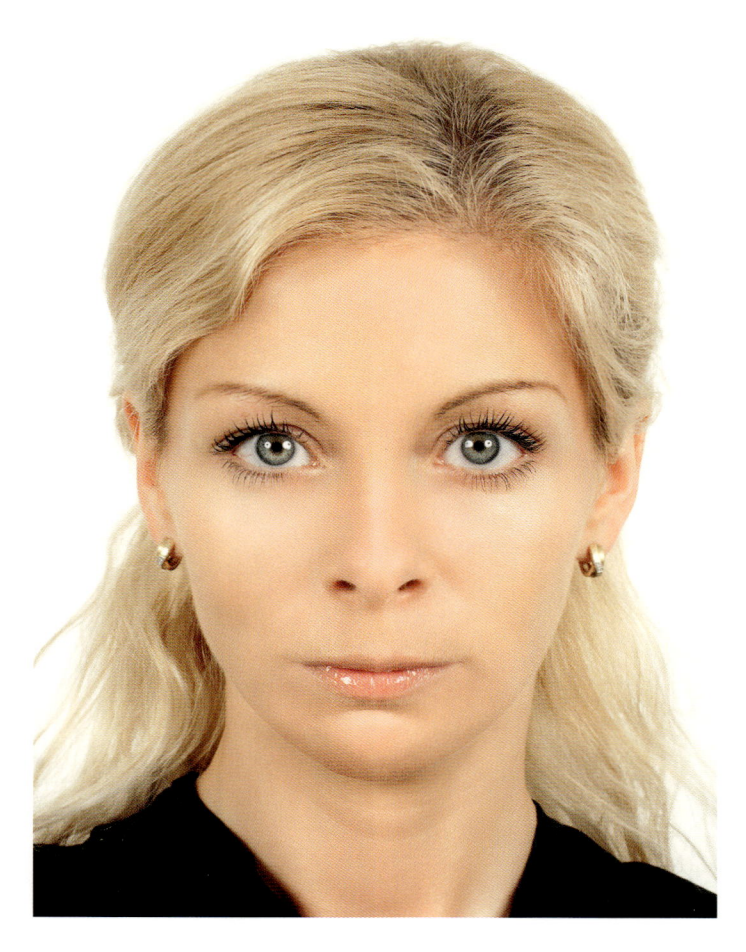

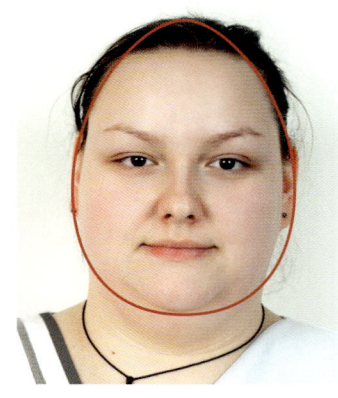

Das birnenförmige Gesicht

Bei einem birnenförmigen Gesicht, das oft bei Menschen mit Übergewicht vorkommt, wirkt die Kinnpartie sehr mächtig. Sie muss im ganzen Kinn- und Kieferbereich eingedunkelt werden. Verwenden Sie tagsüber nur sehr dezente Farben, abends und für ein Foto-Make-up können Sie auch stärker schattieren. Blenden Sie den Kiefer-, Kinnbereich von unten her und zur Gesichtsmitte hin fein auslaufend in dunkle Tönen ein. Es empfiehlt sich eine Frisur mit Volumen am Oberkopf, aber nicht zu breit im Kinnbereich, mit Seiten, die fransig ins Gesicht fallen.

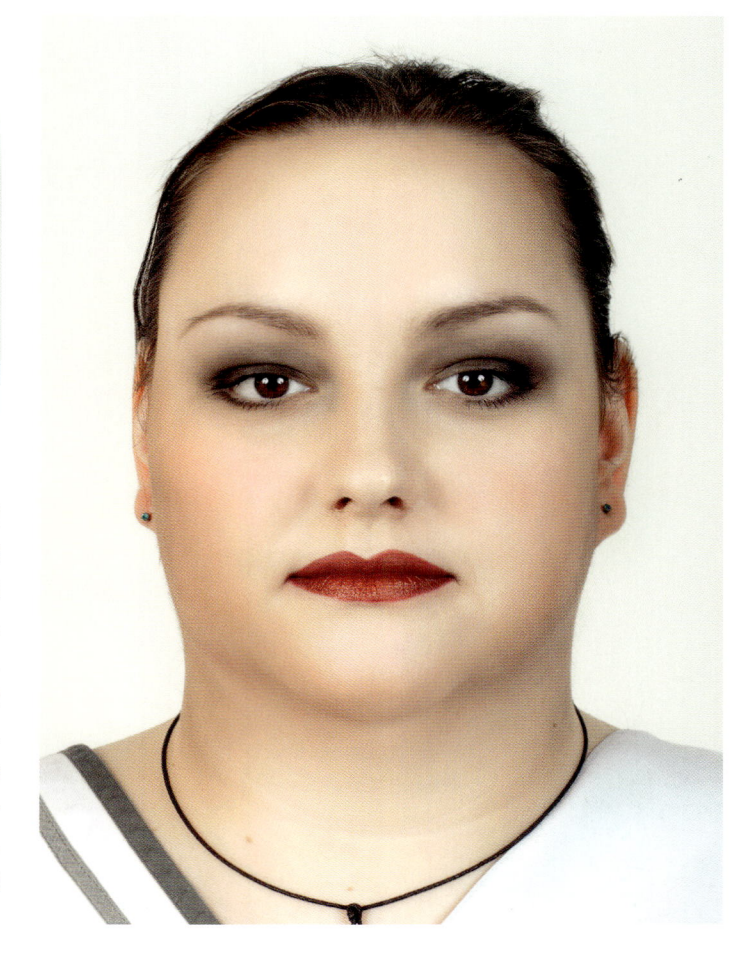

Gesichtsformen

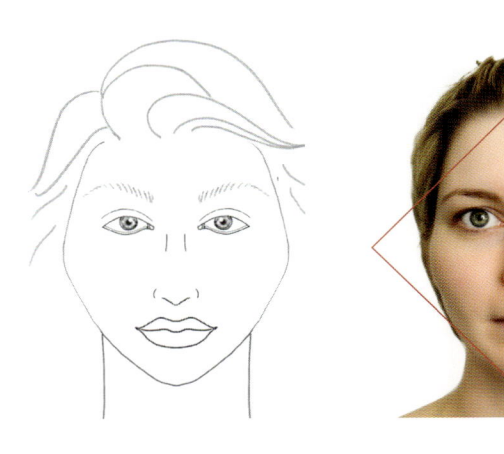

Das rautenförmige Gesicht

Die breiteste Stelle im rautenförmigen Gesicht befindet sich an den Seiten bei den Wangenknochen. Allgemein wirkt das rautenförmige Gesicht, das bei slawischen Typen häufig ist, sehr kantig. Hier alle Kanten eindunkeln, um dem Gesicht die Härte zu nehmen. Die breiteste Stelle des Gesichtes blenden Sie von außen nach innen ein und schattieren fein aus. Falls das Kinn sehr spitz wirkt, kann es auch einschattiert werden; ähnlich wie beim dreieckigen Gesicht. Ansonsten ist das Gesicht fast oval und es können daher fast alle Frisuren getragen werden.

Augenbrauen

Die Augenbrauen sind für den Gesamteindruck des Gesichtes sehr wichtig, denn sie geben den Augen einen „Rahmen". Meist müssen sie in Form gezupft werden. Da dies allerdings ein kosmetischer Eingriff ist, sollte das Zupfen von einer Kosmetikerin oder einem Kosmetiker durchgeführt werden. Doch leider sieht ein noch so gekonntes Augen-Make-up völlig unsauber und fleckig aus, wenn die Augenbrauen nicht gezupft sind. Wenn gezupft wird, gibt es folgende Regeln:

Augenbrauen

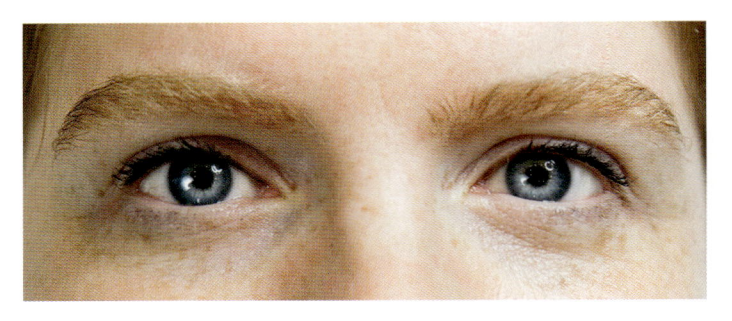

Step 1:
Diese Augenbraue wirkt auf den ersten Blick gut geformt. Das täuscht jedoch, da die Härchen sehr hell sind. Auf den zweiten Blick und vor allem in Verbindung mit Make-up merkt man, dass die Brauen zu breit und zu wild sind.

Step 2:
Legen Sie zur Hilfe ein dünnes Holzstäbchen an den Nasenflügel und den inneren Augenwinkel. In der Fortsetzung sehen Sie, wo die Augenbrauen anfangen bzw. zur Nasenwurzel hin enden sollten. Entfernen Sie mit einer guten, scharfen Pinzette alle Härchen zwischen den beiden Brauen.

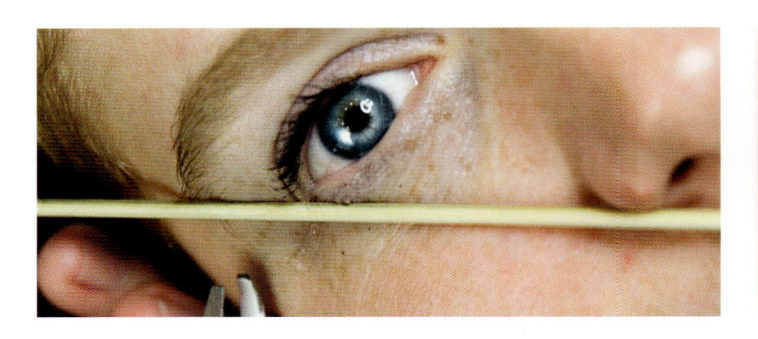

Step 3:
Legen Sie nun das Holzstäbchen wieder an; Nasenflügel und äußerer Augenwinkel geben an, wo die Braue enden sollte. Alle Härchen die außerhalb bzw. unterhalb dieser Linie liegen, mit der Pinzette entfernen.

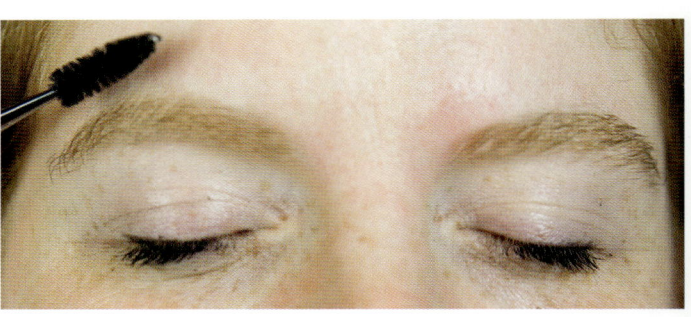

Step 4:
Kämmen Sie die Augenbrauen mit einem Augenbrauenbürstchen nach unten. So können Sie sehen, ob der obere Augenbrauenrand gut definiert ist oder ob einzelne Härchen stören.

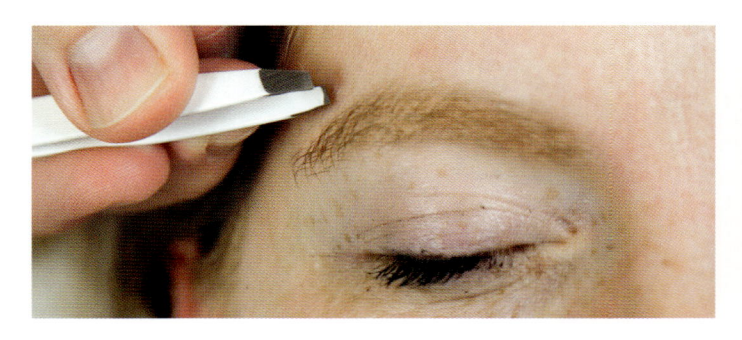

Step 5:
Zupfen Sie alle Härchen weg, die oberhalb dieser Linie liegen. Dadurch können Sie bestimmen, ob der Bogen eher rund oder eckig werden soll.

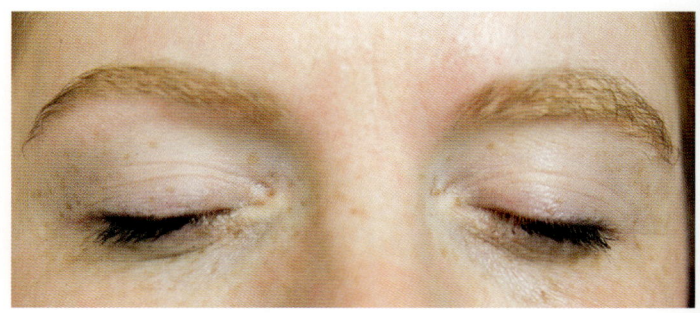

Step 6:
Sie haben jetzt den Anfang und das Ende sowie den oberen Augenbrauenrand definiert.

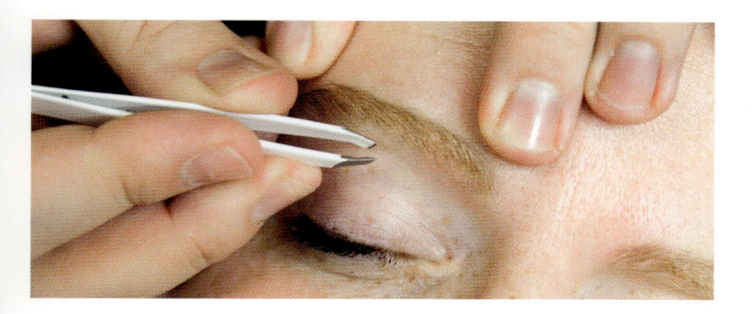

Formen verschiedener Augenbrauen
Die klassische Augenbraue sollte an der Nasenwurzel etwas breiter sein und zum Ende hin schmal auslaufen.

Step 7:
Augenbrauen nach oben bürsten. Alle Härchen, die nicht auf dem unteren Augenbrauenrand sind, entfernen. Danach fängt das eigentliche Styling an, die Form der Braue wird bestimmt. Dafür gibt es verschiedene Möglichkeiten:

- von vorne bis hinten gleichbleibend schmal (wie bei Marlene Dietrich in den 30er Jahren),
- vorn breiter und nach hinten schmaler werdend (klassische Form) oder
- insgesamt eher eine breitere Form (wie Audrey Hepburn in den 50er Jahren).

Ob der Brauenbogen eher rund und brav oder vielleicht durch eine Ecke sehr ausgeprägt wirkt, hängt nicht nur vom Geschmack, sondern auch und vor allem von der vorgegebenen Form ab. Natürlich können Sie hier auch mit Make-up nachhelfen.

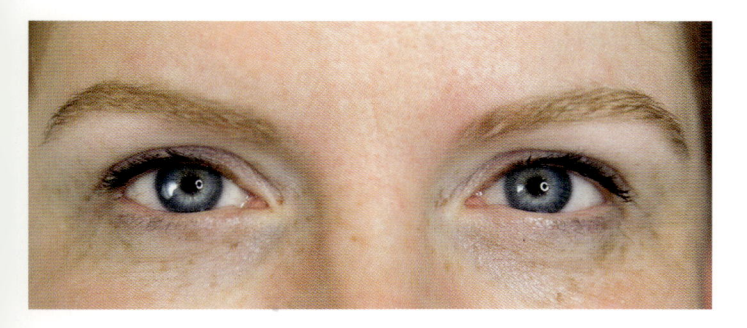

Step 8:
Die fertige Braue: breit bis schmal auslaufend
Die Augenbrauen wirken nun deutlich leichter und sind in Form gebracht. Es wurde eine natürliche Form gewählt. Es gibt unzählige Möglichkeiten die Brauen zu stylen; immer abhängig davon, wie viel Härchen vorhanden sind. Eventuelle Lücken können Sie mit Make-up nachzeichnen und die Brauen so vervollständigen.

Augenformen

Es gibt unglaublich viele Augenformen und noch viel mehr Mischformen. Sie zu erkennen, ist oftmals sehr schwierig. Schauen Sie sich die Augen Ihrer Kundin am besten an, wenn die Kundin abgeschminkt ist, denn mit Hilfe von Lidschatten kann die Augenform extrem verändert werden, sowohl positiv als auch negativ. Wenn Sie die Augenform einer Kundin analysieren, schauen Sie nach den Augeninnen- und den Augenaußenwinkeln. Liegen sie alle auf einer Linie, ist die Stellung der Augen normal. Danach schauen Sie nach dem Abstand zwischen den Augen. Wenn zwischen den Augen exakt noch ein drittes Auge Platz hätte, ist der Abstand normal. Passt weniger als eine Augenbreite dazwischen, sind die Augen eng-, bei viel mehr Platz weit auseinander stehend. Können Sie bei normal geöffnetem Auge die Lidfalte gut erkennen und das Verhältnis von beweglichem Lid zum unbeweglichen Lid ist ungefähr 1/3 zu 2/3, dann handelt es sich um eine normale Augenform – die ist aber sehr selten. Als guter Visagist und mit ein bisschen Training können Sie sofort erkennen, um welche Augenform(en) es sich handelt. Wie Sie die Formen richtig korrigieren oder betonen, zeigen wir Ihnen auf den folgenden Seiten.

Normale Augen

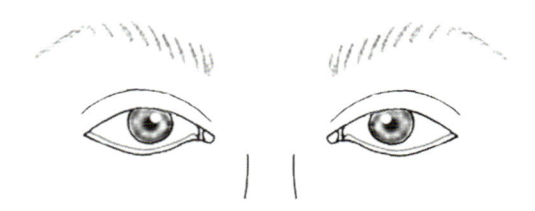

Normale Augen nennt man auch plakative (zur Schau getragene) Augen. Denn hier sieht man das unbewegliche Lid, was sich von der Braue bis zur Lidfalte erstreckt, als auch das bewegliche Lid. Das Verhältnis von beweglichem zu unbeweglichem Lid beträgt bei geöffnetem Auge 1/3 zu 2/3. Bei dieser Augenform sind beim Make-up keine technischen Grenzen gesetzt. Beide nun vorgestellten Augen-Make-up-Varianten sind hier möglich.

Variante 1:
Die klassische „Banane"; Lidfalteneindunkelung.

Variante 2:
Das bewegliche Lid bis knapp über die Lidfalte hinaus wurde dunkel eingeblendet.

Normale Augen mit großem Lid

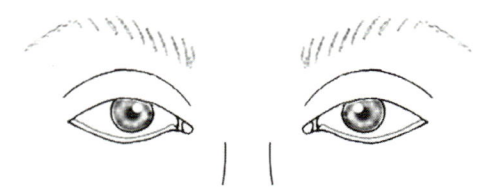

Die Lidfalte ist gut zu sehen. Das unbewegliche Lid ist kleiner als beim normalen Auge, dafür ist das bewegliche Lid deutlich größer. Bei der Lidfalteneinschattierung sollte mehr Gewicht auf das bewegliche Lid gelegt werden.

Negativ:
Das bewegliche Lid ist bei diesem Make-up stark aufgehellt, es sieht noch größer und unvorteilhafter aus.

Positiv:
Die Lidfaltenschattierung wird zum beweglichen Lid hin verblendet. Dadurch wirkt dieses weniger mächtig; das Verhältnis unbewegliches zu bewegliches Lid wirkt ausgeglichener.

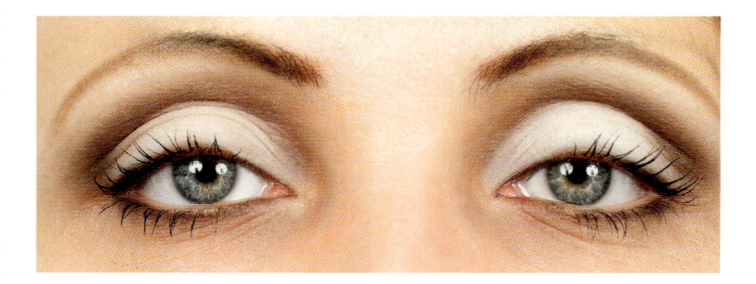

Augenformen

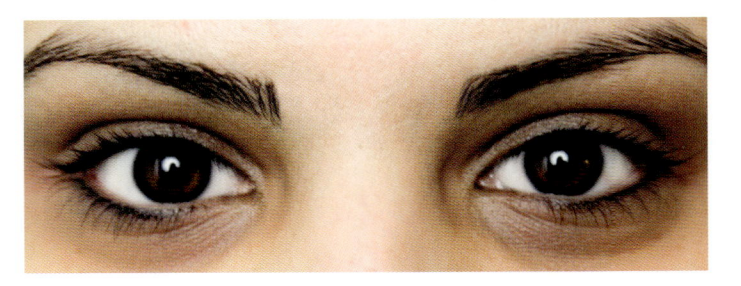

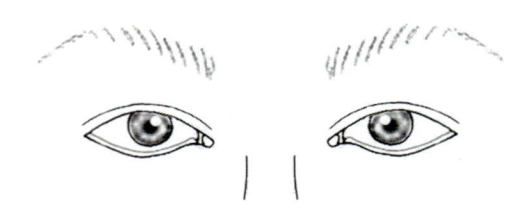

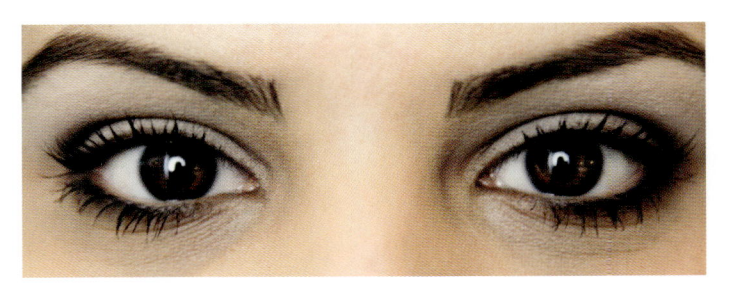

Normale Augen mit kleinem Lid

Die Lidfalte ist gut zu erkennen, von der Lidfalte zur Braue hin ist viel Platz und das bewegliche Lid ist im Verhältnis deutlich kleiner, als das unbewegliche Lid. Bei der Lidfalteneinschattierung sollte mehr Gewicht auf das unbewegliche Lid gelegt werden, das bewegliche Lid dagegen nicht einschattieren.

Negativ:
Hier wurde zwar die Lidfalte eingedunkelt, leider wurde die Charakteristik des kleinen, beweglichen Lids nicht berücksichtigt und somit ist es fast nicht mehr sichtbar.

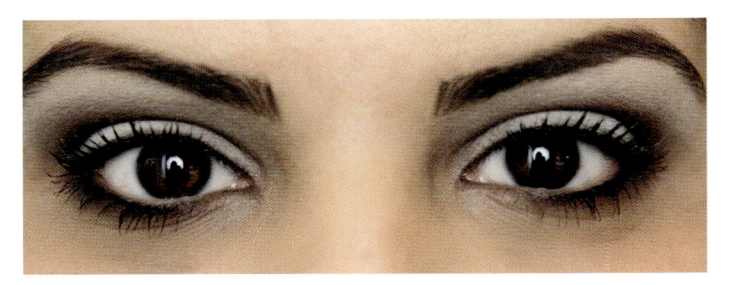

Positiv:
Die Lidfalte ist eingedunkelt, wobei das Gewicht nach oben verlagert wird, so dass das kleine, bewegliche Lid etwas größer erscheint.

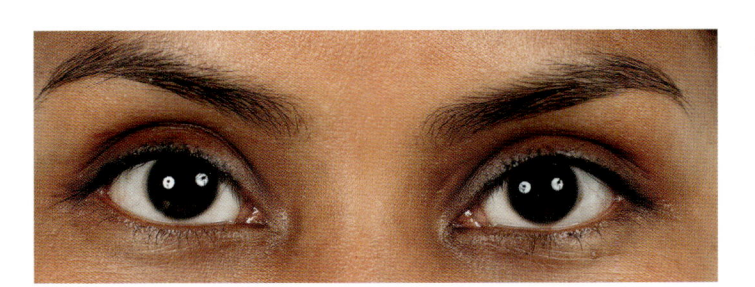

Mandelförmige Augen

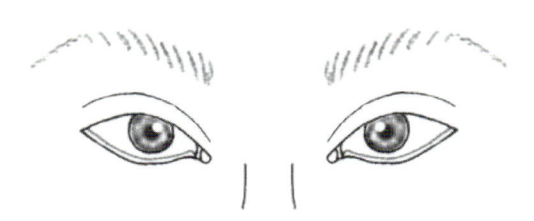

Die Augenform ähnelt einer Mandel. Das Auge ist leicht schräg gestellt und die äußeren Augenwinkel liegen höher als die inneren. Diese Form gilt oft als ideal, denn es muss nichts korrigiert werden. Das Make-up kann die Form hervorheben und unterstreichen.

Variante 1:
Bei der Mandelform muss nichts korrigiert, sondern die Augen eher vorteilhaft konturiert werden.

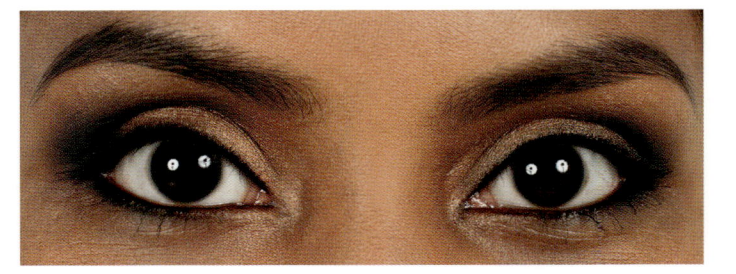

Variante 2:
Mit einem Eyeliner, der zum äußeren Augenwinkel hin etwas breiter wird, kann der Effekt der Mandelform noch verstärkt werden.

Abfallende Augen

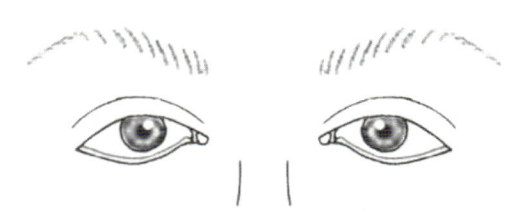

Der äußere Augenwinkel liegt tiefer als der innere. Hieraus resultiert der charakteristische, traurige Blick. Brauen, die hier stark nach unten zeigen, verstärken diese Optik.

Negativ:
Die äußeren Augenwinkel wurden hier so konturiert, dass die abfallenden Augenwinkel noch stärker nach unten ziehen. Unvorteilhaft!

Positiv:
Konturieren Sie das bewegliche Lid außen stark, wobei Sie auf die „Nase-äußerer-Augenwinkel-Linie" achten müssen und diese Linie auf keinen Fall überschreiten dürfen. Verschieben Sie die Linie jedoch etwas nach innen, das hebt das Auge optisch. Mit dunklem Lidschatten nach oben ausblenden.

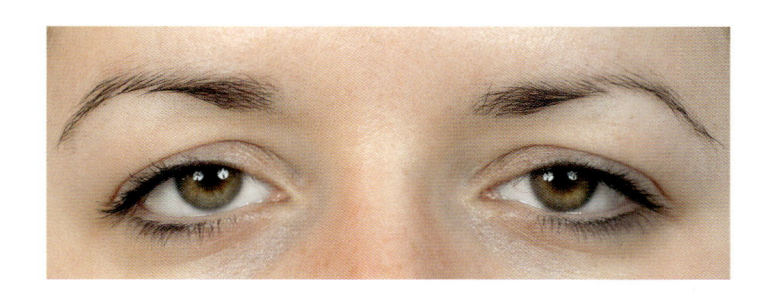

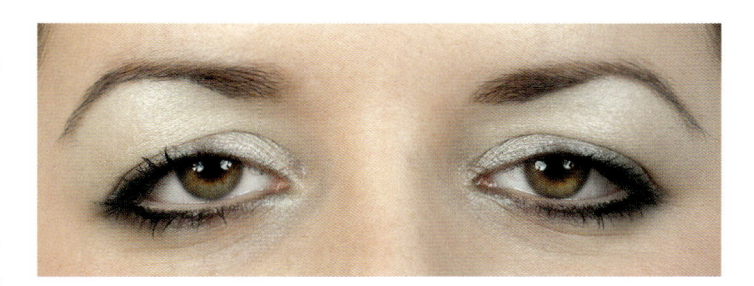

Kleine Augen

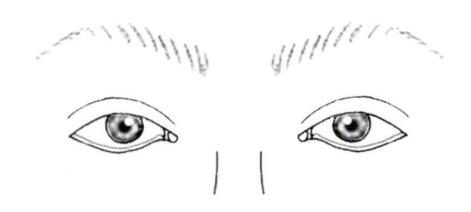

Bei tendenziell kleinen Augen erscheinen diese im Verhältnis zum Gesicht zu klein. Achten Sie deshalb darauf, die Augen nicht noch zusätzlich mit einem Eyeliner zu verkleinern.

Negativ:
Die Kontur am Auge wurde nicht verblendet und nach außen gezogen. Sie grenzt das Auge noch mehr ein und verkleinert es.

Positiv:
Kleine Augen müssen optisch vergrößert werden. Heller, eventuell glänzender Lidschatten und ein weißer Konturenstift auf dem Augeninnenlid unten erzielen den gewünschten Effekt. Verblenden Sie die Kontur nach außen, das vergrößert das Auge optisch.

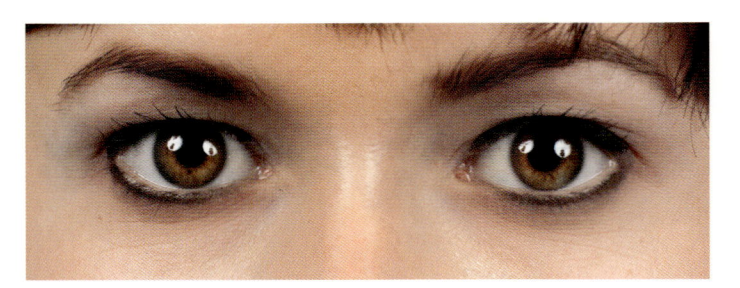

Augenformen

Große Augen

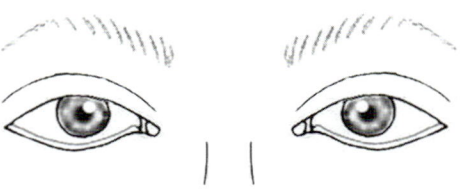

Im Verhältnis zum Gesicht sind diese Augen proportional eher groß.

Negativ:
Die Augen wurden hier durch das Make-up unvorteilhaft vergrößert.

Positiv:
Sie können mit einem dunkleren, matten Lidschatten, der auf dem ganzen beweglichen Lid und über die Lidfalte hinaus aufgetragen wird, optisch verkleinert werden. Schminken Sie dunkle Konturen und tragen Sie schwarzen Augenkonturenstift auf dem unteren inneren Lid auf, das verstärkt den Verkleinerungseffekt.

Engstehende Augen

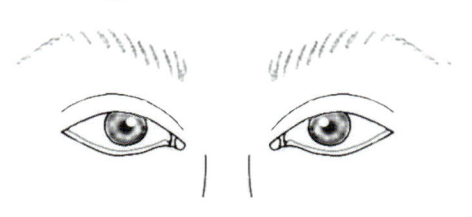

Idealerweise hat zwischen den Augen ein weiteres Platz. Ist dieser Abstand deutlich kleiner, handelt es sich um engstehende Augen.

Negativ:
Zur Nase hin wurde zu dunkler Lidschatten gewählt und dieser zu weit auslaufend aufgetragen. Das ist unvorteilhaft, da die Augen so noch mehr zusammenrücken.

Positiv:
Verwenden Sie hierfür zur Nase hin einen hellen Lidschatten und verlängern Sie optisch das Auge nach außen hin mit einem dunklen Lidschatten. Augenbrauen eventuell zur Nase hin zupfen und am äußeren Ende verlängern.

Weit auseinander stehende Augen

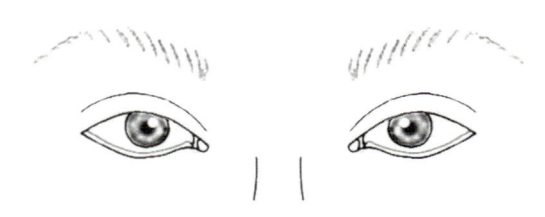

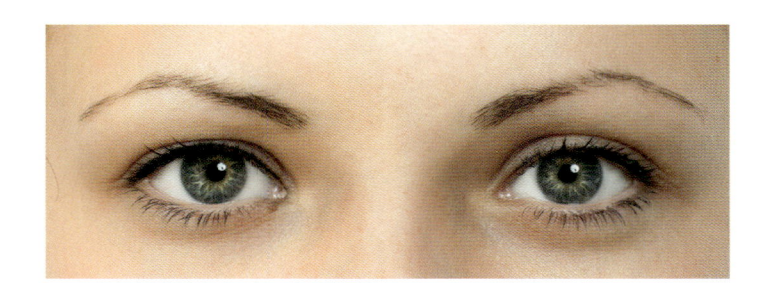

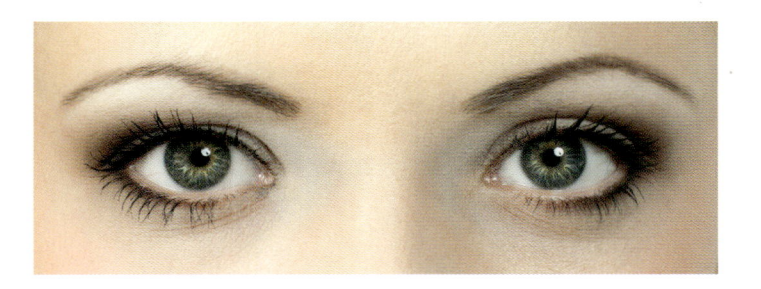

Der Abstand zwischen den Augen ist ungewöhnlich groß, der Platz reicht für mehr als ein drittes Auge.

Negativ:
Bei diesem Make-up wirkt der Abstand zwischen den Augen noch größer, auf die Charakteristik wurde nicht eingegangen.

Positiv:
Ziehen Sie den Lidschatten am äußeren Augenwinkel nicht sehr viel weiter nach außen. Die Augen mit einem dem Hautton entsprechenden, etwas dunkleren Lidschatten zur Nase hin eindunkeln und konturieren. Die Augenbrauen hier eventuell zur Nase hin verlängern.

Runde Augen

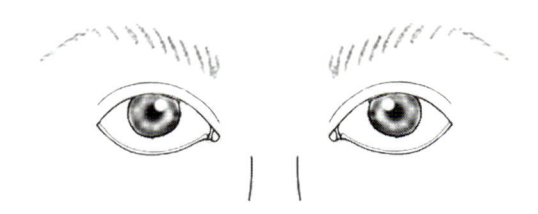

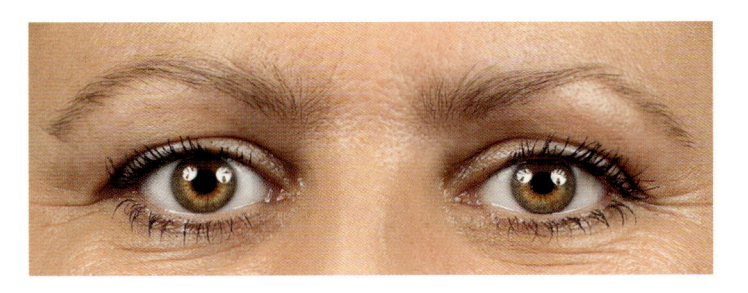

Runde Augen wirken weit – fast puppenhaft – geöffnet.

Negativ:
Das Make-up lässt die Augenkontur unten und oben breiter wirken, die Augen erscheinen so noch runder.

Positiv:
Um die Augen optisch zu verlängern, werden sie nach außen hin, sowohl oben als auch unten, mit dem Konturenstift etwas verlängert. Tragen Sie dunklen Augenkonturenstift auf dem unteren inneren Lid auf und setzen Sie unter den Brauen ein Highlight.

Augenformen

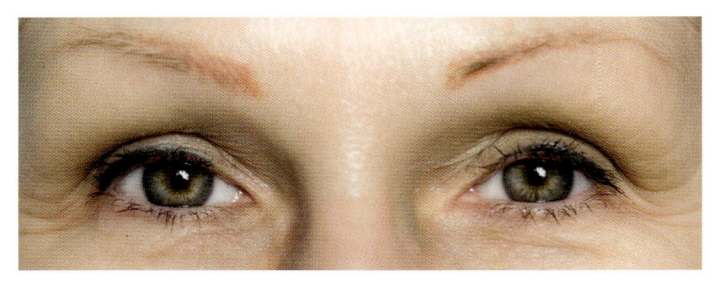

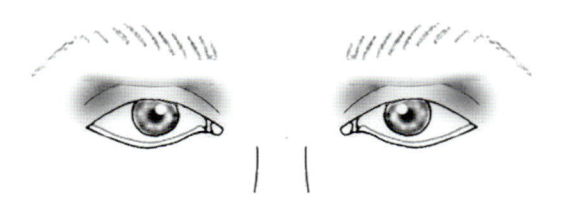

Tiefliegende Augen

Ein wichtiges Indiz für tiefliegende Augen ist, dass bei geöffnetem Auge das bewegliche Lid kaum erkennbar ist, das Auge liegt tief in der Augenhöhle.

Negativ:
Durch die unvorteilhaften, dunklen Farben fällt das Auge noch tiefer in die Augenhöhle und wirkt noch kleiner, als es ist.

Positiv:
Hier müssen Sie stark aufhellen, wobei Sie eventuell sogar irisierende Farben verwenden können. Wenden Sie die Bananentechnik an und schminken Sie nicht mit zu dunklen Farben.

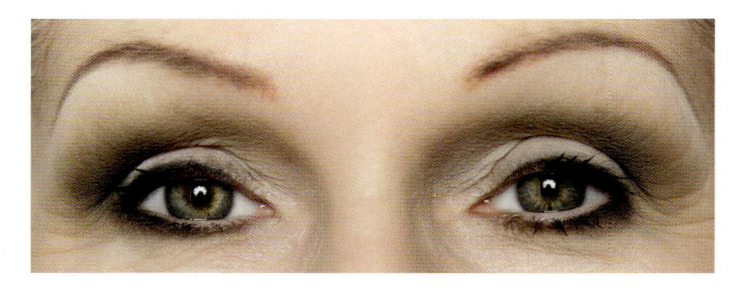

Hervorstehende Augen

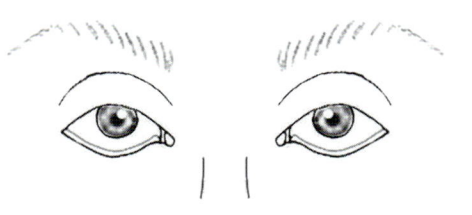

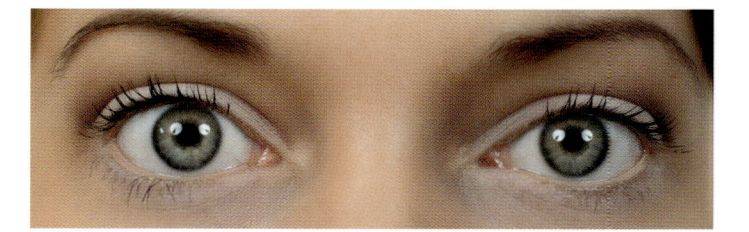

Der Augapfel tritt bei dieser Form mehr als gewöhnlich hervor. Oftmals ist dies auch ein Zeichen für eine Schilddrüsenerkrankung.

Negativ:
Durch helle Farben treten diese Augen noch mehr hervor.

Positiv:
Hell lässt hervor-, dunkel lässt zurücktreten. Gemäß diesem Grundsatz wird das bewegliche Lid mit mattem Lidschatten stark eingedunkelt. Versuchen Sie durch Zeichnen der Kontur eine Mandelform zu erzielen und tragen Sie dunklen Augenkonturenstift auf dem unteren inneren Lid auf.

Regelmäßige Schlupflider

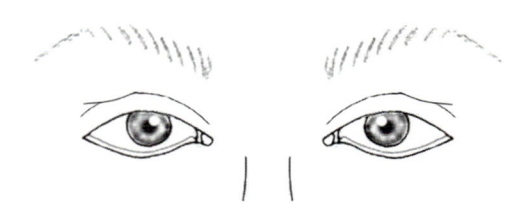

Eines der häufigsten Probleme bei regelmäßigen Schlupflidern ist, dass die Lidfalte nicht mehr zu sehen ist und das unbewegliche Lid auf das bewegliche drückt. Man nennt dies auch Überlid. Hier unterscheidet man zwischen regelmäßigen und unregelmäßigen Schlupflidern. Bei regelmäßigen, wie hier, kann man auf beiden Seiten genau gleich viel vom beweglichen Lid sehen.

Negativ:
Hier wird das unbewegliche Lid aufgehellt und so noch stärker betont; unvorteilhaft!

Positiv:
Dunkeln Sie die Lidfalte zum unbeweglichen Lid hin ein, das Auge wird geöffnet. Das bewegliche Lid können Sie aufhellen.

Unregelmäßige Schlupflider

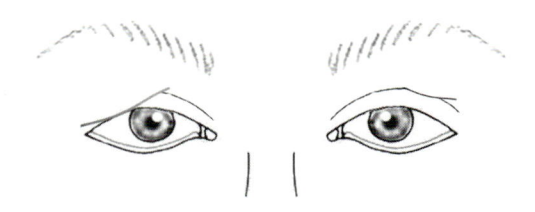

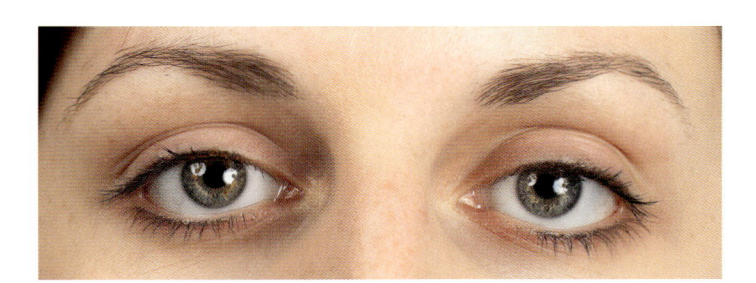

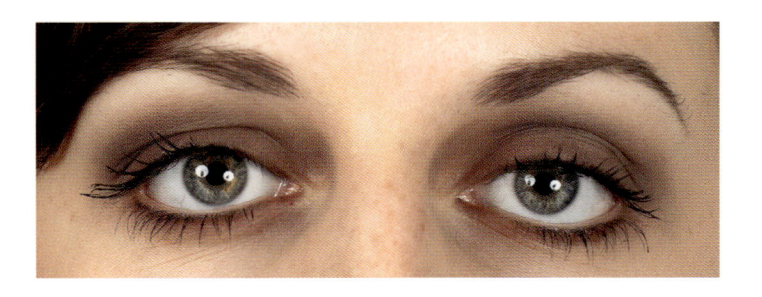

Unregelmäßige Schlupflider kommen noch häufiger vor als regelmäßige. Bei dieser Form drückt bei einem Auge das unbewegliche Lid auf das bewegliche, das andere Auge ist normal geöffnet.

Negativ:
Die Lidfalte wurde eingedunkelt und das bewegliche Lid aufgehellt. Die Asymmetrie der unregelmäßigen Schlupflider fällt besonders auf.

Positiv:
Öffnen Sie das Auge mit dunklem Lidschatten, wobei auch das bewegliche Lid eingedunkelt werden muss. So fällt die Asymmetrie nicht so stark auf.

Augenformen

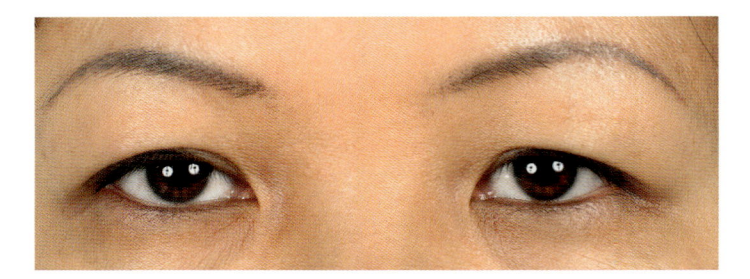

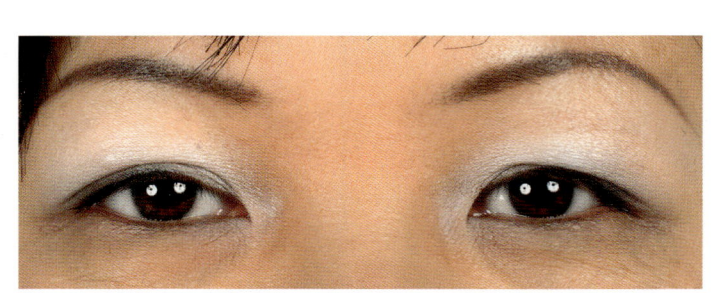

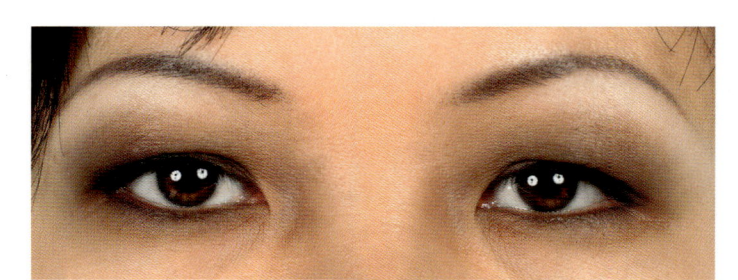

Asiatische Augen

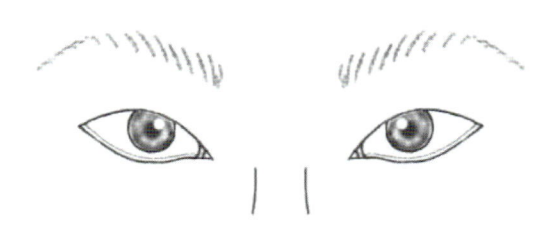

Ähnlich wie beim Schlupflid ist das bewegliche Lid bei der asiatischen Form fast gar nicht zu erkennen, das Auge ist (oft) stark mandelförmig und die Wimpern meistens ganz gerade und nach unten gerichtet. Hier empfiehlt es sich eventuell, eine Wimperndauerwelle durchzuführen.

Negativ:
Das Auge wurde stark aufgehellt; unvorteilhaft!

Positiv:
Wie beim unregelmäßigen Schlupflid müssen die Augen so geschminkt werden, dass sie sich optisch öffnen. Schwieriger ist es, mit dunklem Lidschatten eine künstliche Lidfalte zu gestalten. Augen oben und unten stark konturieren.

Lippenformen

Die klassische Form der Lippen ist symmetrisch, wobei Unter- und Oberlippe im Verhältnis gleich groß sind. Diese ideale Form ist allerdings sehr selten.

Schminken Sie die Lippen bei geschlossenem Mund. Zunächst mit dem Lippenkonturenstift von der oberen Mitte aus erst das Lippenherz und dann den Bogen der unteren Mitte zeichnen. Anschließend bei geöffnetem Mund die Mundwinkel ausmalen und danach bei geschlossenem Mund die Linien vom Mundwinkel aus nach vorne verbinden. Die Winkel mit dem Stift ausmalen und nach vorne ausblenden und die Lippen anschließend mit dem Lippenstift mit Hilfe eines Lippenpinsels schminken. Die Lippenfarbe sollte sich jedoch nicht zu sehr von der Farbe des Konturenstiftes unterscheiden, außer es wird ein extremer Look gewünscht (keine Regel ohne Ausnahme!). Wenn die Lippen korrigiert werden müssen, dürfen sie in der Regel bis zu einer Lippenkonturenstiftbreite verändert werden, in Extremfällen sogar noch mehr. Achten Sie dabei allerdings auf perfekte Übergänge.

Lippenformen

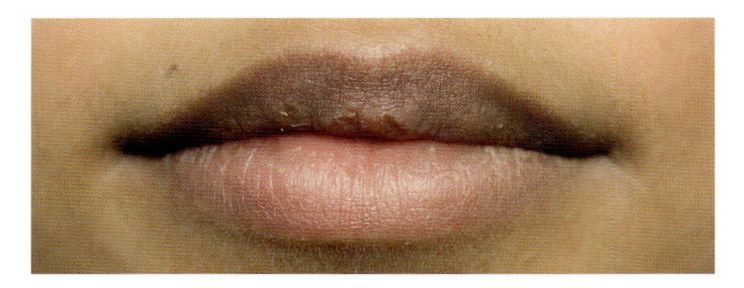

Normale Lippen

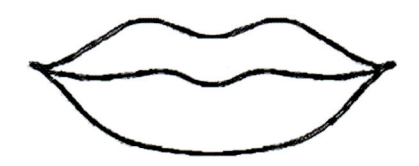

Lippen mit einer „normalen" Form dürfen fast alles tragen. Ist die Lippenform nicht genau definiert, treten um den Mund starke Rötungen auf oder stimmt die Lippenform nicht ganz, dann decken Sie die Lippen zunächst mit einem stark deckenden Make-up gut ab. So können die Lippen neu gestaltet werden.

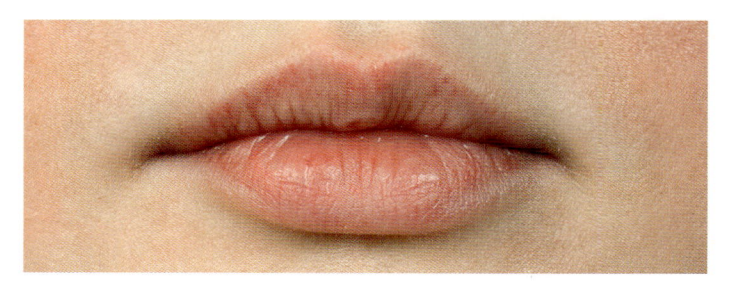

Kleine Lippen

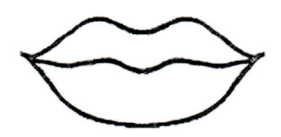

Wenn Sie an den Mundwinkeln eine gerade Linie nach oben zu den Augen ziehen und die Linien nicht auf die Mitte der Pupille, sondern eher auf den inneren Rand der Pupille treffen, ist der Mund im Verhältnis zum Gesicht eher klein.

Variante 1:
Durch dunkle, matte Farben wird der Mund zusätzlich optisch verkleinert; unvorteilhaft!

Variante 2:
Wählen Sie für kleine Lippen helle Farben; auch Perlmutt oder Lipgloss können Sie verwenden. Mit dem Konturenstift die Lippenform etwas vergrößern.

Große Lippen

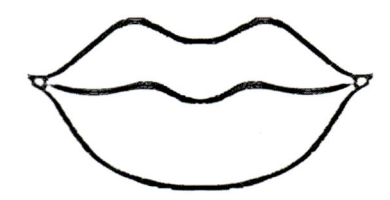

Die Lippen erscheinen im Verhältnis zum Gesicht zu groß.

Variante 1:
Durch helle, grelle oder glossige Farben wirken die Lippen noch größer.

Variante 2:
Decken Sie die Lippen zunächst mit Make-up ab und zeichnen diese verkleinernd anschließend mit einem Konturenstift neu. Verwenden Sie dunkle, matte Farben.

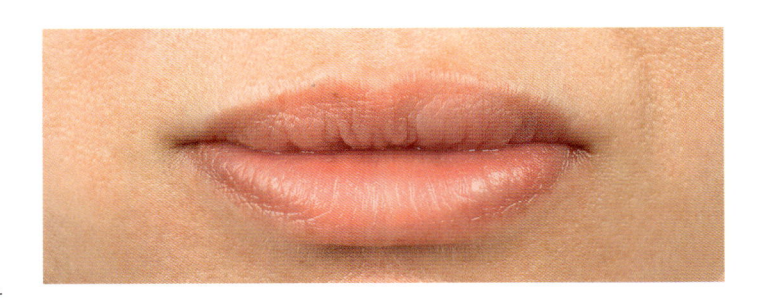

Schiefe Lippen

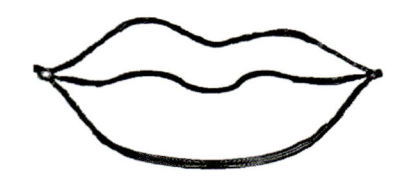

Viele Lippen sind, nimmt man es genau, schief. Hier gilt es Unregelmäßigkeiten auszugleichen. Decken Sie die Lippen deshalb zunächst gut ab und zeichnen Sie dann mit dem Konturenstift eine gleichmäßige Form.

Variante 1:
Hier wurde die Lippenform ohne Korrektur nachgezeichnet, der Mund wirkt weiterhin schief.

Variante 2:
Korrigieren Sie nach dem Abdecken die Lippenform durch Zeichnen einer regelmäßigen Kontur. Nach dem Auftragen der Lippenfarbe fällt die Unregelmäßigkeit nicht mehr auf.

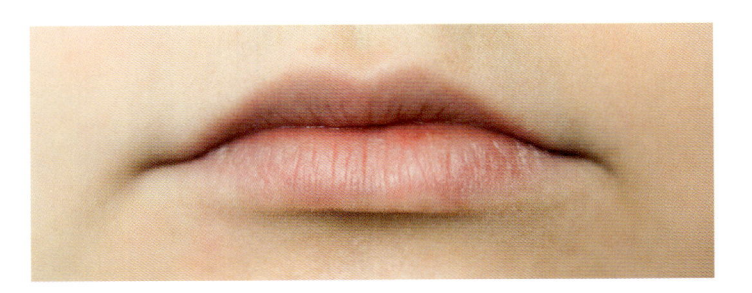

Lippenformen

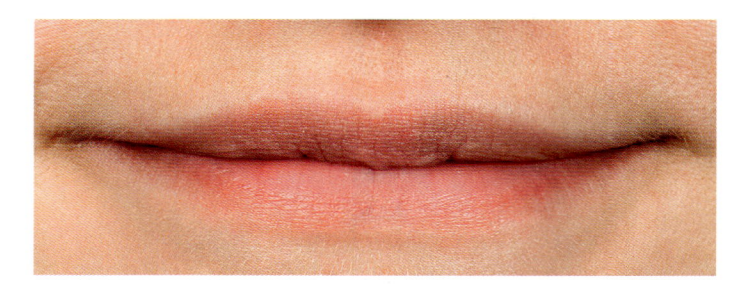

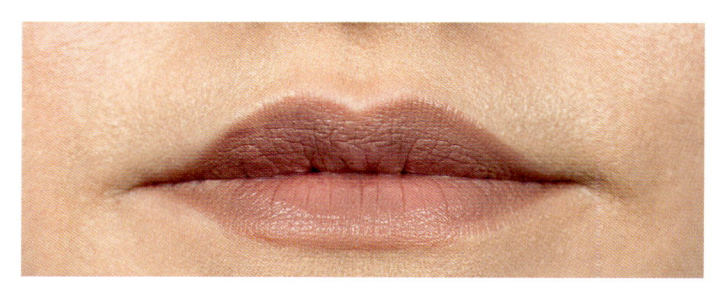

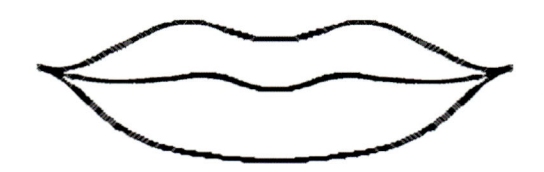

Breiter Mund

Wenn Sie von den Mundwinkeln gerade nach oben zum Auge eine Linie ziehen und nicht in die Mitte der Pupille, sondern auf den äußeren Pupillenrand oder noch weiter außen treffen, dann ist der Mund eher zu breit.

Variante 1:
Durch kräftige, auffällige Farben und das komplette Ausmalen der Lippenwinkel wird der Mund in der Breite noch mehr betont.

Variante 2:
Die Mundwinkel mit Make-up abdecken und die Lippenkontur an den Mundwinkeln optisch verkürzen.

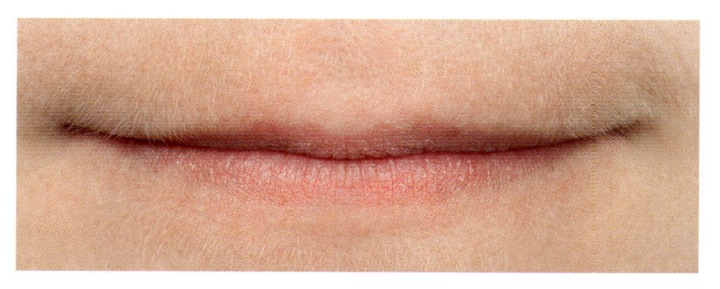

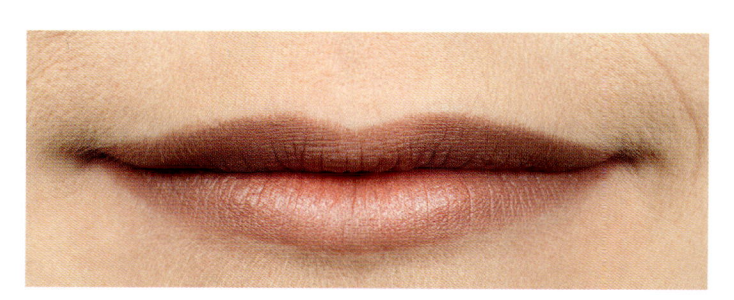

Schmaler Mund

Einem schmalen Mund, der oftmals bei älteren Menschen vorkommt, mangelt es an Lippenvolumen. Hier helfen glänzende Farben oder Lipgloss.

Variante 1:
Durch dunkle Farben wirken die Lippen noch schmaler.

Variante 2:
Verwenden Sie für den Mund helle und glänzende Farben oder Lipgloss, um das gewünschte Volumen zu erzeugen. Zeichnen Sie auch die äußere Lippenkontur so nach, dass der Mund dann insgesamt „voller" erscheint. Seien Sie aber bei älteren Damen etwas vorsichtiger mit Lipgloss, denn der kann in die Fältchen laufen.

Große Oberlippe

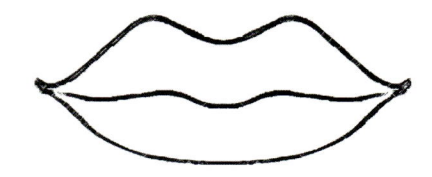

Die Oberlippe ist deutlich größer als die Unterlippe.

Variante 1:
Auf die zu korrigierende Lippenform wurde bei diesem Make-up nicht geachtet, die Oberlippe erscheint noch größer.

Variante 2:
Decken Sie die Lippen mit Make-up gut ab und zeichnen Sie dann mit Konturenstift die Oberlippe etwas kleiner und die Unterlippe etwas größer nach.

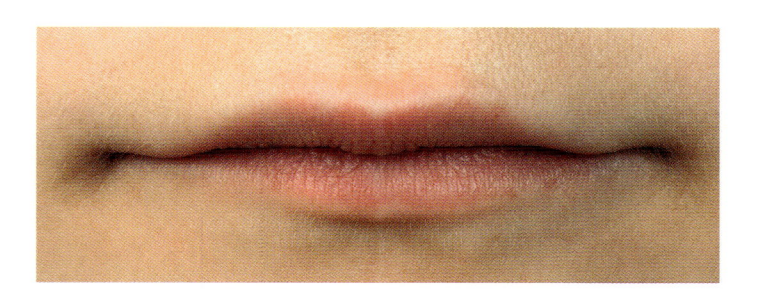

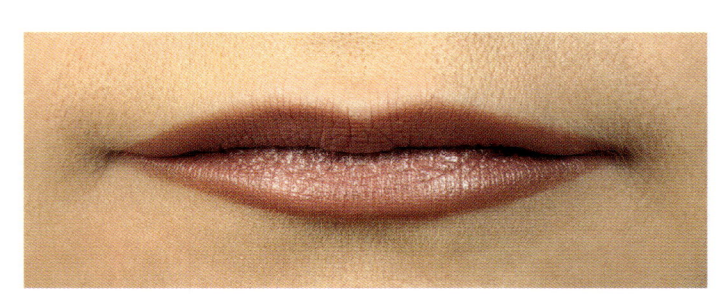

Große Unterlippe

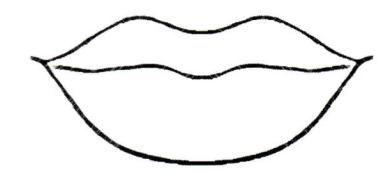

Die Unterlippe ist bei dieser Form deutlich größer als die Oberlippe.

Variante 1:
Die Lippenform wurde nicht korrigiert und die auffällige Lippenfarbe verstärkt die große Unterlippe zusätzlich.

Variante 2:
Auch hier die Lippen mit Make-up gut abdecken. Die Unterlippe etwas kleiner, die Oberlippe etwas größer zeichnen.

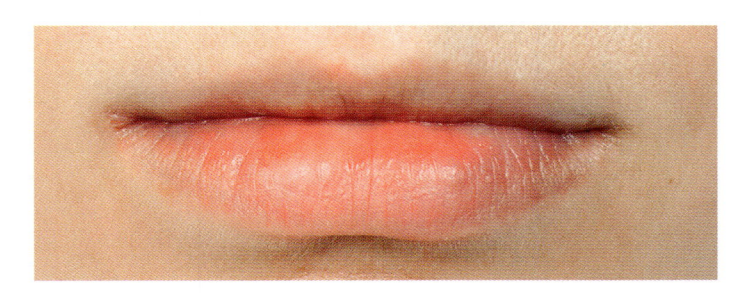

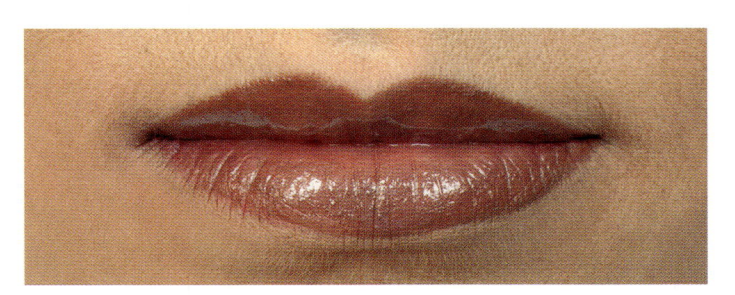

Lippenformen

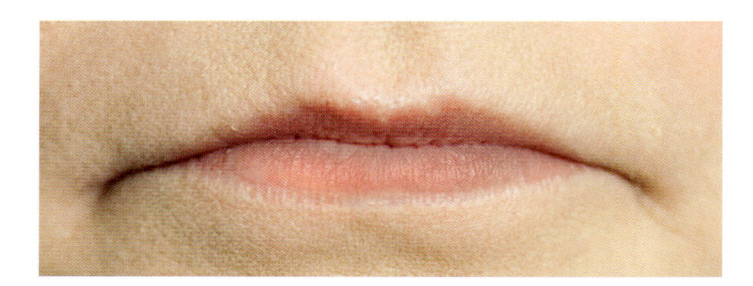

Abfallende Mundwinkel

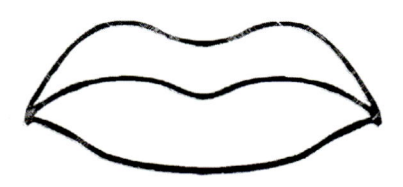

Ein Mund mit abfallenden Winkeln lässt das Gesicht oft traurig wirken; vor allem wenn die Lippen sehr schmal sind. Durch Gesichtsmimiktraining kann trainiert werden, die Mundwinkelmuskeln nach oben zu korrigieren, doch das dauert seine Zeit.

Variante 1:
Das Make-up ist unvorteilhaft, da auch die Winkel ausgemalt und so noch mehr betont wurden.

Variante 2:
Die oberen Mundwinkel, nachdem der Mund mit Make-up abgedeckt wurde, etwas erhöhen. Die unteren Mundwinkel werden nicht ausgefüllt.

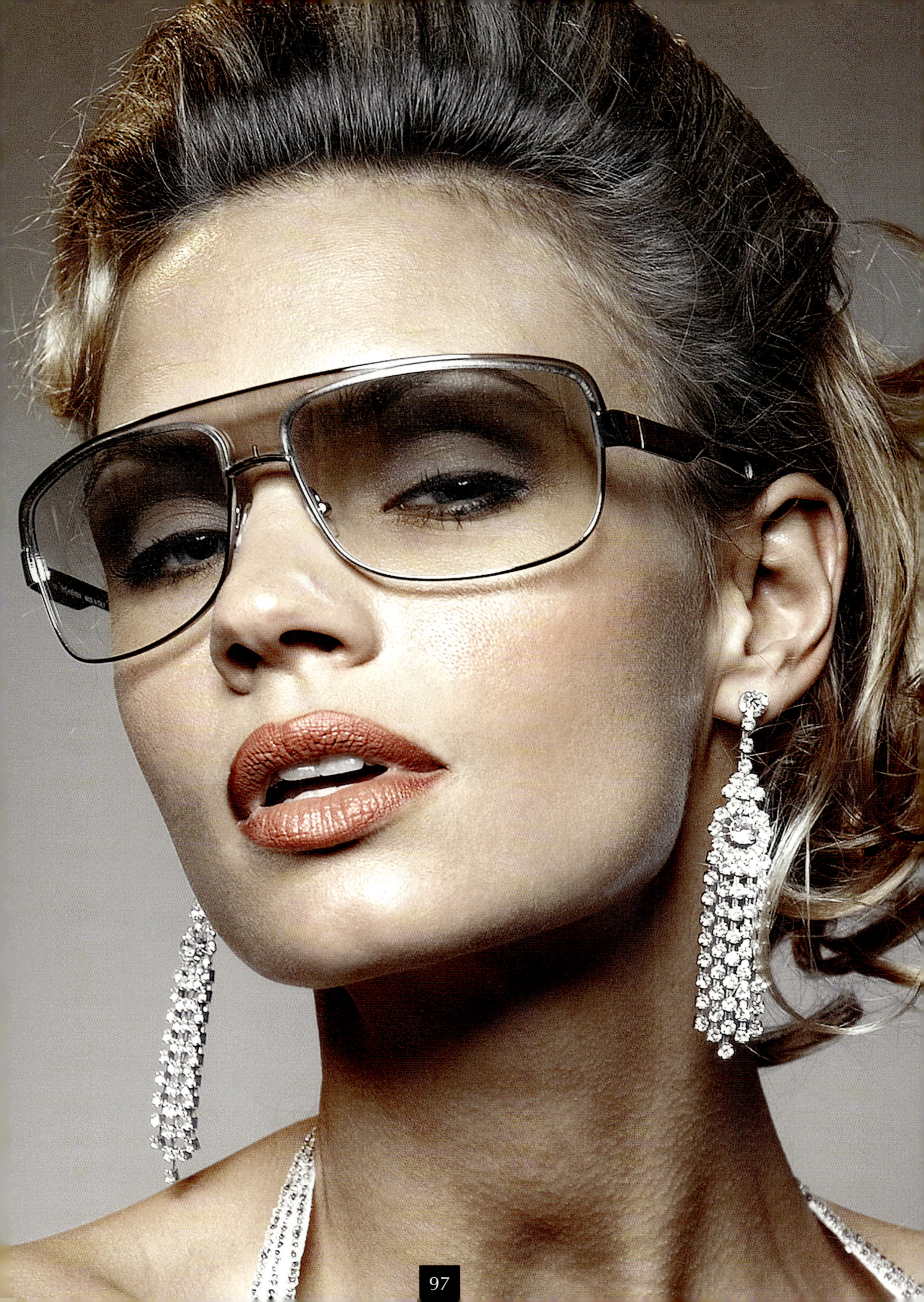

Basics

Der Arbeitsplatz

Ihr Arbeits- bzw. Schminkplatz ist Teil Ihrer Selbstdarstellung, niemand möchte sich von Ihnen schminken lassen, wenn Ihr Arbeitsplatz und Ihre Utensilien schmutzig oder chaotisch sind. Die Grundlage guten und konzentrierten Arbeitens ist die Organisation der Werkzeuge. Ordnen sie alles so an, dass Sie „blind" und mit einem Griff alles zur Hand haben, was Sie benötigen.

Wahl des Standortes

Der Schminkplatz sollte in absolut neutraler Umgebung in einem hellen Raum ohne farbige Wände sein. Künstliches Tageslicht, das von vorn gleichmäßig auf das Gesicht der Kundin trifft, schafft optimale Lichtverhältnisse zum Schminken. Es sollte außerdem darauf geachtet werden, dass kein Licht von oben, den Seiten oder von hinten auf die Kundin fällt! Nur so ist gewährleistet, dass die Farben nicht verfälscht werden und im Gesicht der Kundin keine Schatten entstehen. Tageslichtlampen links und rechts des Spiegels und weiches softes Licht garantieren bei richtigen Lichtverhältnissen ein gleichmäßiges Make-up-Ergebnis.

Licht von der Seite

Licht von oben

Licht von hinten

Licht von unten

Licht von vorne

Die Grundausstattung des Schminkplatzes

Zur Ausstattung eines Schminkplatzes zählt ein großer Spiegel, in dem jederzeit das Ergebnis überprüft werden kann. Da dauerhaftes nach unten Beugen zu Rückenproblemen führt, sollten Sie die Sitzhöhe der Kundin so einstellen, dass Sie ihr beim Schminken in die Augen schauen können. Am besten eignen sich dafür bequeme Barhocker, die man individuell in der Höhe verstellen kann.

Für schnelle Abläufe und sicheres Schminken muss Ihr Arbeitsmaterial griffbereit sein. Sortieren Sie Produkte und Zubehör auf einer großen Ablage übersichtlich in Ihrem Blickfeld, so verhindern Sie unnötiges Suchen und garantieren einen reibungslosen und professionellen Arbeitsablauf. Wichtig ist außerdem ein hygienisch sauberer Platz – für Sie und Ihre Kundin!

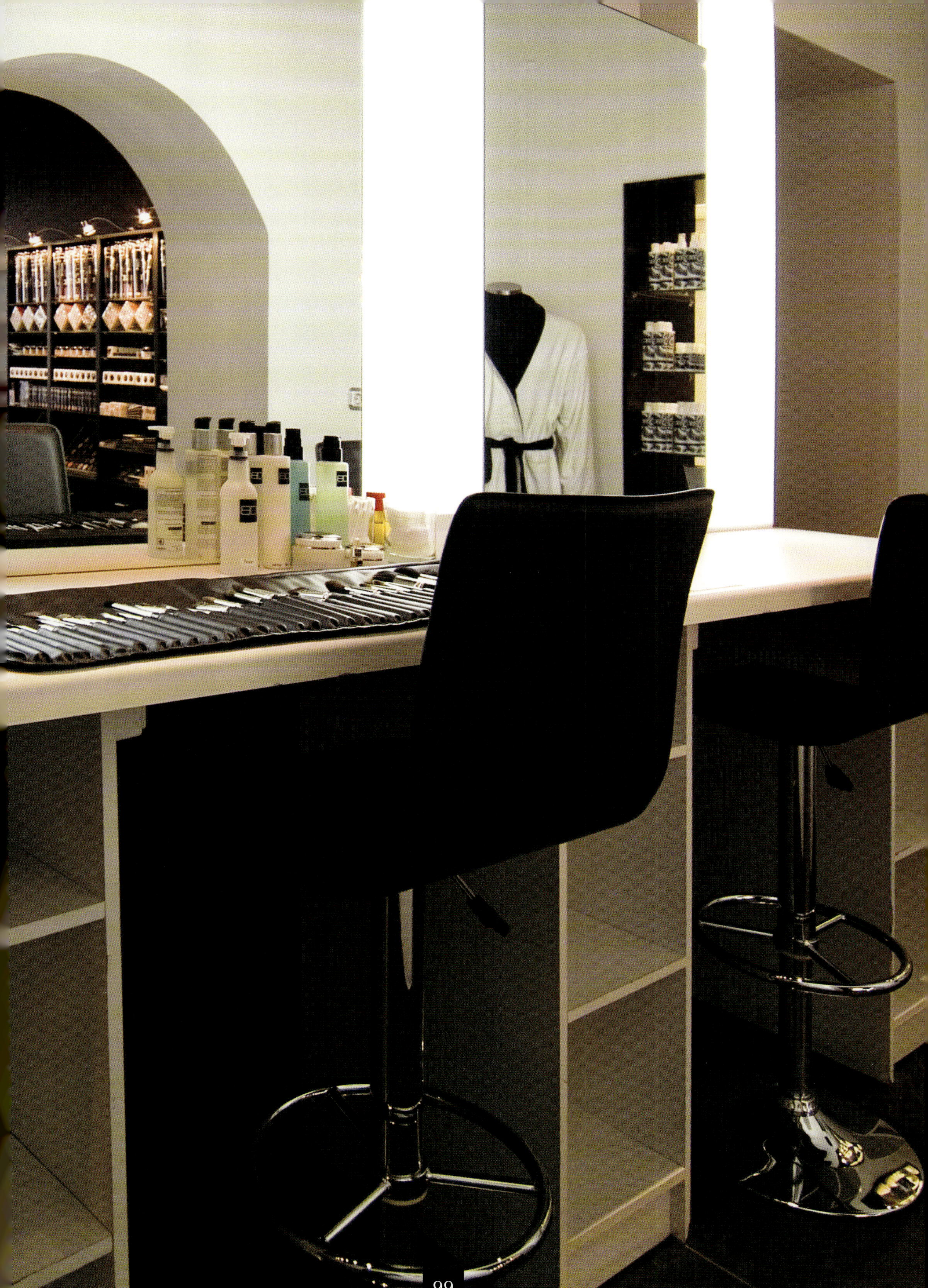

Basics

Hygiene

Gepflegte, saubere Werkzeuge sind ein absolutes Muss, um Hygiene zu garantieren und ein bestmögliches Ergebnis zu erzielen. So stehen auch Ihre Utensilien für Professionalität beim Schminken.

Mehr und mehr Menschen leiden an Allergien. Entzündungen, Rötungen und Ekzeme sind an der Tagesordnung. Da der Visagist direkt mit der Haut in Berührung kommt, müssen folgende Hygienevorschriften unbedingt beachtet werden:

1. Arbeitsplatz und Arbeitsgeräte müssen in sauberem und einwandfreiem Zustand sein. Vor allem das Pinselset, das wichtigste Handwerkzeug für Visagisten, sollte nach jedem Gebrauch gereinigt werden. So garantieren Sie auch die lange Haltbarkeit der Pinsel.

2. Die Farben nicht auf die Hände applizieren und die Pinsel auf einem Papiertuch abtupfen. Die Hände bleiben sauber!
3. Alle gepressten Produkte (Lidschatten, Rouge, gepresste Puder) vor Gebrauch mit einem Papiertuch trocken abwischen.
4. Hände vor jedem Make-up gründlich waschen (vor allem Raucher!) oder zumindest die Hände desinfizieren (Raucher bitte beides!). Nichts ist für die Kundin unangenehmer wie störender Geruch an den Händen, die mit ihrem Gesicht in Berührung kommen.
5. Schminkschwämmchen nur ein Mal verwenden oder in der Waschmaschine waschen.
6. Losen Puder auf ein Papiertuch streuen und von dort mit Pinsel oder Quaste aufnehmen.
7. Sämtliche Stifte vor jedem Gebrauch kurz anspitzen, damit die oberste, benutzte Schicht abgetragen wird.
8. Pinsel regelmäßig mit Pinselreiniger waschen. Für zwischendurch, wenn zwischen den Kundinnen keine Zeit bleibt, können die Pinsel auch mit Alkohol desinfiziert werden. Dazu nimmt man ein Papiertuch, welches mit 70%-igem Isopropylalkohol getränkt wird und zieht die Pinselhaare durch. Die Pinselhaare sind wieder trocken und können sofort benutzt werden.
9. Nie mit der gleichen Wattestäbchenseite von einem Auge zum anderen gehen, ebenso beim Reinigen der Augen für jedes Auge ein neues Wattepad nehmen.
10. Lippenstiftfarbe mit Spatel vom Lippenstift abnehmen und mit desinfiziertem Lippenpinsel auftragen.
11. Cremes und Make-ups (außer bei Pumpspendern) immer mit einem Spatel entnehmen, ebenso bei Lippenfarben, egal ob im Pfännchen oder in Stiftform.

Basics

Grundregeln

Beim Visagismus gibt es Grundregeln, die eingehalten werden sollten. Jedoch gilt auch hier: „Keine Regel ohne Ausnahme".

Sie haben sich für einen der kreativsten und spannendsten Berufe entschieden. Ihrer Fantasie sind beim Schminken keine Grenzen gesetzt – fast. Denn folgendes muss unbedingt beachtet werden:

1. Für ein perfektes Make-up das Gesicht vorher reinigen und pflegen. Nicht entfernte Hautschüppchen werden durch das Make-up sichtbar und ergeben ein ungleichmäßiges Erscheinungsbild. Ebenso bei einer alten Schicht Make-up oder Puder!

2. Die Grundierung dem Farbton des Halses anpassen, alles andere wirkt unnatürlich.

3. Den Gesichtspuder nie viel dunkler als das Make-up wählen, sonst wirkt das Make-up fleckig.

4. Bei dunklen Grundierungen nie Transparentpuder oder hellen Puder verwenden, denn das ergibt ein „mehliges" Erscheinungsbild.

5. Puderpinsel nie entgegengesetzt der natürlichen Wuchsrichtung der Gesichtshärchen streichen, die feinen Gesichtshärchen werden sonst aufgestellt und betont.

6. Wangenrouge nach dem Auftragen nochmals überpudern, das Ergebnis wirkt natürlicher.

7. Wangenrougefarbe immer in der Lippenstiftfarbharmonie aussuchen, aber eine frische, helle Farbe wählen.

8. Zwischen Eyeliner und Wimpernkranz darf kein Zwischenraum sein.

9. Beim Augen-Make-up die Augen-Linien einhalten (siehe Kapitel Augenbrauen).

10. Mit Pinseln, die vorher für dunkle Lidschattenfarben verwendet wurden, keine Highlights applizieren, diese wirken sonst grau.

Basics

Das Gespräch

Hören Sie zu! Bevor Sie mit dem Schminken beginnen, sollten Sie in einem Gespräch mit der Kundin klären, wie diese sich das Make-up vorstellt und was sie auf keinen Fall möchte. Nehmen Sie sich das Gesagte unbedingt zu Herzen, damit die Kundin auch vom Ergebnis überzeugt ist.

Als erstes begrüßen Sie Ihre Kundin und stellen sich mit einigen Worten vor. Um ein bestmögliches Ergebnis für die Kundin und sich zu erzielen, fragen Sie ausführlich nach Vorlieben, Make-up-Gewohnheiten und Lebensstil. Stimmen Sie anschließend den Look darauf ab und schminken Sie genauso, wie die Kundin es sich wünscht. Haben Sie das Gefühl, dass der gewünschte Look nicht zum Typ passt, versuchen Sie vermittelnd einzuwirken, ohne der Kundin aber Ihren Willen aufzuzwingen.

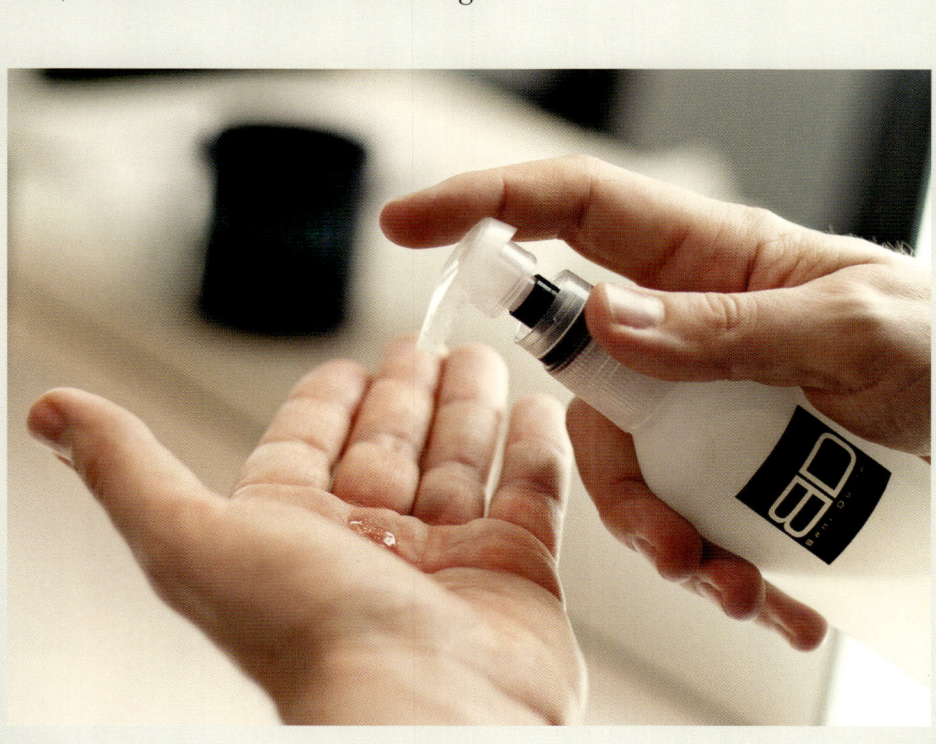

Um die Kleidung der Kundin vor eventuell herabfallendem Puder zu schützen, legen Sie ihr bitte, bevor Sie mit dem Schminken beginnen, einen farbneutralen Umhang um.

Danach desinfizieren Sie sich die Hände direkt vor der Kundin. Damit zeigen Sie ihr, dass Sie hygienisch und professionell arbeiten.

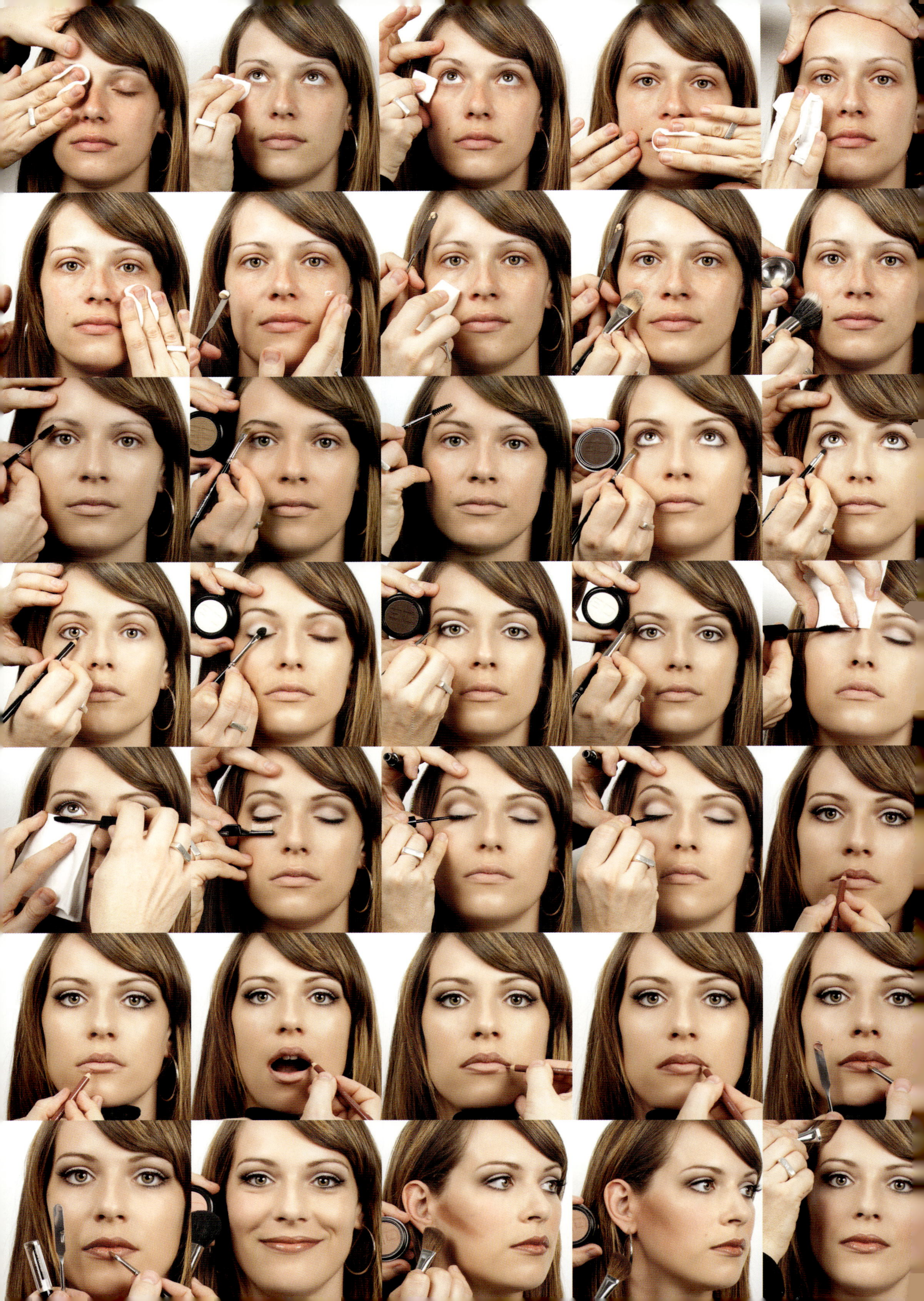

Arbeitsschritte

Zehn Schritte sind es zum perfekten Make-up, wobei die Reihenfolge immer eingehalten werden sollte.

Diese Reihenfolge der Arbeitsschritte, ein „Fahrplan", erleichtert die Arbeit als Visagist und garantiert, dass man in Stresssituationen plötzlich nichts Wichtiges vergisst! Änderungen der Arbeitsschritte sind manchmal nötig, praktizieren Sie solche Änderungen aber nur, wenn Sie in Ihren Abläufen sehr gefestigt sind.

Die Arbeitsschritte im einzelnen:

1. **Abschminken (Reinigen, Tonifizieren, Tagescreme, Gesichtsanalyse)**
2. **Grundieren (Abdecken, Make-up)**
3. **Fixieren (Puder)**
4. **Augenbrauen und Augenkontur**
5. **Lidschatten**
6. **Wimperntusche, Eyeliner, Wimpernperücken**
7. **Lippenkonturen**
8. **Lippenstift**
9. **Wangenrouge und Konturierung**
10. **Kontrolle**

Arbeitsschritte

1. Abschminken: Reinigen, Tonifizieren, Tagescreme

Nur auf einer sauberen und gepflegten Haut kann ein perfektes Make-up-Ergebnis erzielt werden. Deshalb wird die Haut zunächst gereinigt und tonifiziert.

Mit dem Augen-Make-up-Entferner und jeweils einem Wattepad pro Auge werden die Augen sanft abgeschminkt. Machen Sie dies grundsätzlich immer, denn die beweglichen Augenlider haben meist einen leichten Fettfilm, der den Lidschatten fleckig aussehen lassen würde. Bei starkem Augen-Make-up empfiehlt es sich außerdem, einen Express-Make-up-Entferner zu verwenden.

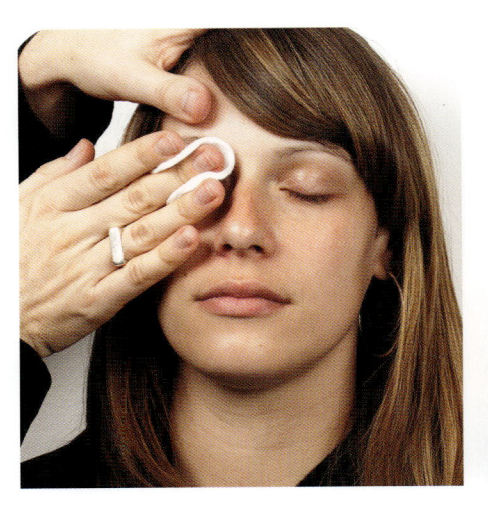

1. Augenlider:
Das mit Augen-Make-up-Entferner getränkte Wattepad um den Mittelfinger legen und von oben sanft über die Augenlider gleiten. Vorsicht, nicht zu stark drücken und die Kundin vorher fragen, ob sie Kontaktlinsen trägt. Wenn ja, fragen Sie, ob sie sich die Augen lieber selber abschminken möchte.

2. Augen:
Das Wattepad einmal knicken und von außen nach innen unter den Augen entlang fahren, dabei die ganze Wattepadbreite ausnutzen. Davor die Kundin bitten, nach oben zu schauen.

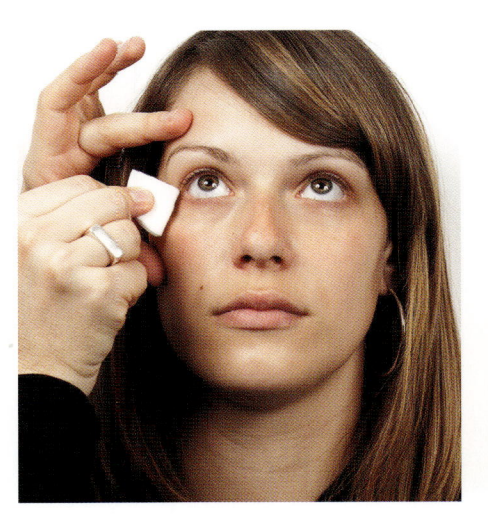

3. Ecken säubern:
Nun das Wattepad nochmals halbieren. Mit der so entstandenen Spitze die Ecken säubern.

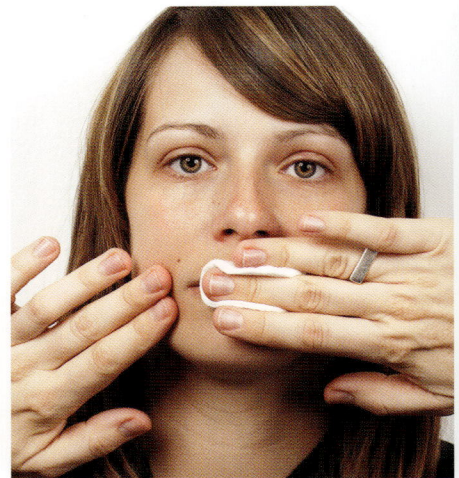

4. Lippenfarbe entfernen:
Mit einem weiteren Wattepad und Reinigungsmilch die Lippenfarbe entfernen. Dafür den Mundwinkel mit der anderen Hand da festhalten, von wo aus Sie über die Lippen streichen. Dies ist angenehmer für die Kundin.

5. Grundierung entfernen:
Danach mit einem Papiertuch und Reinigungsmilch die Grundierung entfernen. An der Stirn anfangen, dann die Wangen und das Kinn säubern.

6. Reinigungslotion:
Um die Haut nachzureinigen, nun Reinigungslotion mit einem Wattepad auftragen. Der pH-Wert der Haut wird so neutralisiert und die Haut auf die folgende Pflege vorbereitet. Die Tages- oder Nachtcreme kann dann besser eingearbeitet werden.

7. Pflege:
Die Pflege sollte immer auf den Hauttyp abgestimmt sein. Meistens reicht eine Feuchtigkeitscreme und vielleicht noch eine spezielle Pflege für die Augen, z.B. ein Augenserum (Augencremes sind meist zu fettig, das Make-up könnte so wegrutschen oder fleckig werden). Fragen Sie die Kundin vorher, ob sie sich die Pflege selber auftragen möchte. Die Pflegecreme immer mit einem Spatel aus dem Tiegel nehmen, dann auftragen, entweder mit den Fingern oder einem Grundierungspinsel.

Beni Durrer Produkte für Reinigung und Pflege

Augen-Make-up-Entferner	Feuchtigkeitsfluid
Reinigungsmilch	Augenserum
Reinigungslotion	Wattestäbchen
Express-Make-up-Entferner	Wattepads
24h-Creme	Kosmetiktücher

Arbeitsschritte

Ist die Haut gereinigt, wird im nächsten Schritt eine Gesichtsanalyse durchgeführt, bei der Sie die Gesichts-, Augen- und die Lippenform analysieren (siehe Kapitel Grundformen).

2. Grundieren: Abdecken, Make-up

Grundsätzlich hat jeder Mensch einen roten oder gelben Hautunterton. Den Ton erkennen Sie am besten an einer Stelle am Hals unter dem Ohr, da dort die Haut am ruhigsten ist. Hier wird die Farbe getestet. Wenn das aufgetragene Make-up nicht erkennbar ist, es mit der Hautfarbe verschmilzt, ist der Ton perfekt gewählt.

Die Wahl des Make-ups (kompakt, flüssig, stark oder leicht deckend) hängt vom jeweiligen Hautbild ab. Das Make-up muss 100% zur Farbe am Hals passen, da es nur in der Gesichtsmitte und zum Rand hin auslaufend aufgetragen wird. Eine Fingerbreite vor dem Haaransatz und der Kinnkante bitte aufhören und auslaufen lassen. Achten Sie darauf, dass Rollkragenpullover, Kragen sowie Halstücher nicht mit Make-up verunreinigt werden.

Grundierung mit dem Schwamm:
Alle Grundierungen lassen sich mit einem Make-up-Schwämmchen auftragen. Feuchten Sie das Schwämmchen etwas an, dann saugt es nicht so viel Grundierung auf (sparsamer) und es wirkt etwas transparenter.

Grundierung mit dem Pinsel:
Etwas moderner und deutlich sparsamer ist das Auftragen mit einem Grundierungspinsel, den es in drei verschiedenen Größen gibt: klein für Augenschatten und für schwer zugängliche Stellen, in mittlerer Breite für das Gesicht und groß für den Körper. Das Arbeiten mit dem Grundierungspinsel erfordert etwas Übung. Deshalb ist weniger hier oft mehr, denn zuviel Make-up lässt sich schwer verteilen.

Abb. links:
Haut mit rotem Unterton

Abb. rechts:
Haut mit gelbem Unterton

Flüssige Grundierungen:
Flüssige Grundierungen, wie HDTV-Make-up, lassen sich wunderbar mit einem Spezialpinsel auftragen. Mit den längeren Härchen des Pinsels verteilt man das Make-up auf Stirn, Wangen und Kinn, um es dann mit den kürzeren Härchen, durch etwas Druck auf den Pinsel, einzupolieren. Das Ergebnis ist ein perfektes Make-up.

Augenschatten:
Viele Menschen leiden unter Augenschatten. Zu wenig Schlaf, Stress aber auch Vererbung können Ursachen für Augenschatten sein. Man wirkt müde. Falls dann eine normale Grundierung nicht ausreichend deckt, können Sie für die Partie unter den Augen ein Make-up wählen, welches zwei bis drei Töne heller als der Grundton ist. Aber nehmen sie keinen zu hellen Ton, denn das wirkt unnatürlich. Damit die Partie unter den Augen nicht graustichig wirkt, können Sie auch einen roséfarbenen Farbton wählen, denn Rosé frischt auf! Generell eignen sich flüssige, stark pigmentierte Make-ups für die Partie unter den Augen sehr gut.

Mit einem schmalen Grundierungspinsel die Partie unter den Augen vorsichtig aufhellen. Fordern Sie Ihre Kundin auf, dabei nach oben zu schauen.

Lassen Sie den Ton weich in die Gesichtsgrundierung auslaufen, so dass die Augengrundierung optisch nicht erkennbar ist. Falls das Make-up zu kräftig ausfällt, können Sie es auch vor dem Auftragen mit ein wenig Augenpflege vermischen. Die Textur ist dann feiner, bei gleichzeitig pflegender Wirkung.

Beni Durrer Produkte für Grundierung

Studio-Make-up in 24 verschiedenen Tönen
HDTV-Make-up in 14 verschiedenen Tönen und 4 Mischfarben
Schwämmchen, Pinsel,
Schälchen,
Spatel

Arbeitsschritte

3. Fixieren: Puder

Um das Make-up zu fixieren, wählen Sie einen Puder in der gleichen Farbe wie das Make-up. Früher trockneten Puder die Haut aus, heute gibt es pflegende Puder oder sogar Produkte, die das Make-up wasserfest machen. Möchten Sie ein natürliches Ergebnis erzielen, dann verwenden Sie für den Puderauftrag einen Pinsel, für eine starke Fixierung und Mattierung z.B. für Fernsehen, Fotos und Videos eine Gesichtsquaste.

Pudern Sie das Gesicht ab und entfernen Sie anschließend den Überschuss mit einem Pinsel.

Arbeiten Sie mit dem Pinsel immer von oben nach unten in ruhigen Bewegungen und tupfen Sie keinesfalls hektisch! Mit der anderen Hand eventuell herabfallenden Puder auffangen.

Beni Durrer Produkte zum Fixieren
Puder in 10 verschiedenen Nuancen
Puderpinsel groß und klein
Puderquaste groß und klein

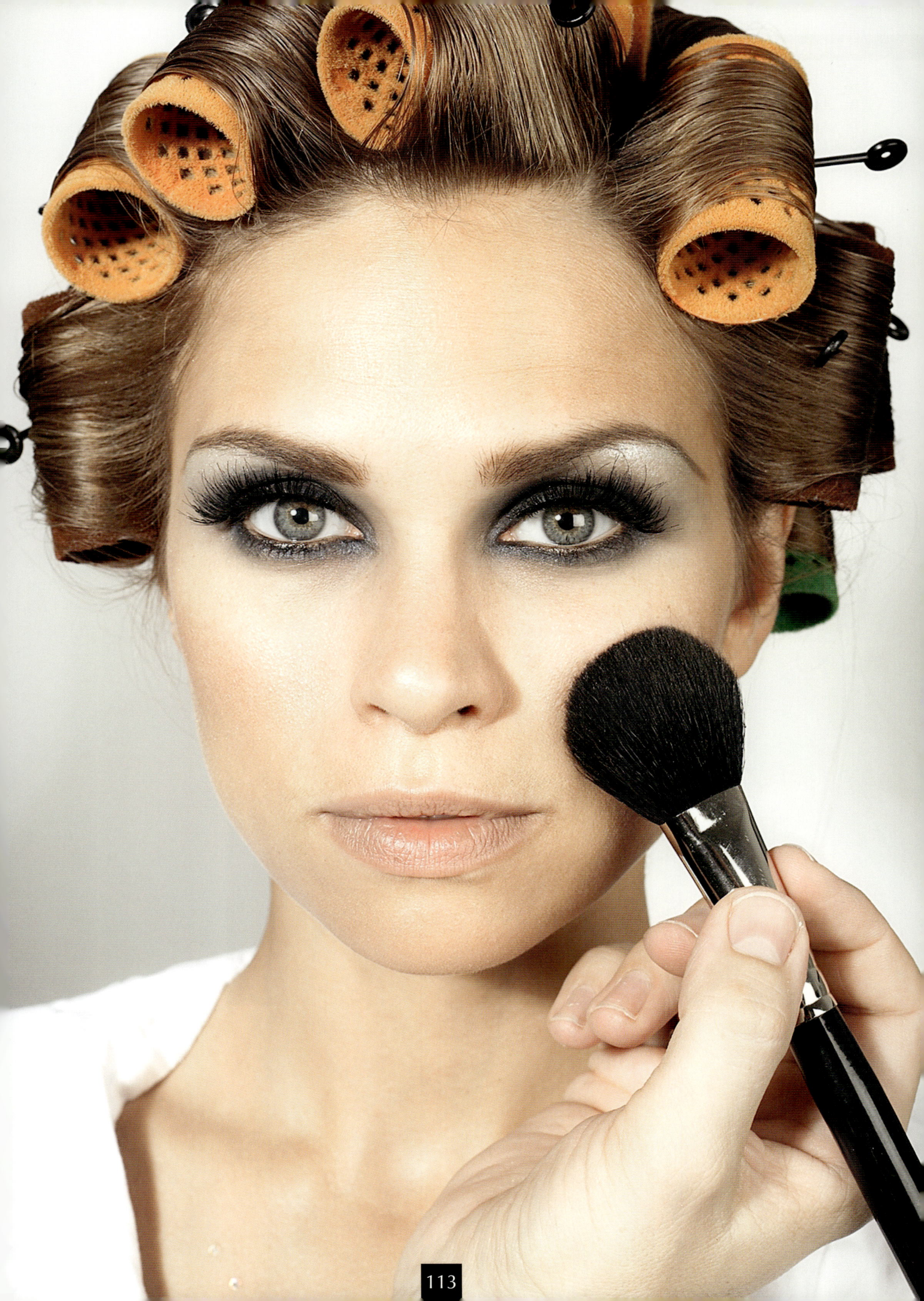

Arbeitsschritte

4. Augenbrauen und Augenkonturen

Augenbrauen schminken:
Augenbrauen und Augenkonturen geben dem Gesicht einen Rahmen und den Augen mehr Ausdrucksstärke. Sie werden wie folgt geschminkt:

1. Augenbrauen bürsten:
Mit einem Augenbrauenpinsel werden die Augenbrauen nach unten gebürstet.

2. Augenbrauen nachzeichnen:
Mit einer dem Haaransatz entsprechenden Lidschattenfarbe und einem Augenkonturenpinsel die obere Linie der Augenbraue, da wo die Härchen wachsen, nachzeichnen. Am Anfang darf die Linie etwas breiter sein, zum Ende hin sollte sie fein auslaufen.

3. Lücken auffüllen:
Nun werden die Augenbrauen wieder nach oben gebürstet und eventuelle Lücken in den Brauen ausgeglichen.

Bitte beachten:
Überprüfen Sie unbedingt im Spiegel, ob beide Brauen gleich gezeichnet sind.

Augenkonturen schminken:
Um die Augenkonturen zu schminken, gibt es drei Möglichkeiten: Entweder Sie zeichnen Sie mit Lidschatten oder mit einem Konturenstift nach. Für einen intensiveren Look die Kontur erst mit einem Konturenstift vorzeichnen und abschließend mit Lidschatten fixieren.

1. Kontur zeichnen:
Zum Schminken schaut die Kundin nach oben. Zeichnen Sie mit dem Konturenstift vom äußeren Augenwinkel zum inneren Augenwinkel direkt unter den Härchen der unteren Wimpern eine Linie. Achten Sie dabei auf die Augenform. Drücken Sie den Konturenstift nicht zu sehr auf, sonst fängt das Auge an zu tränen. Danach die Augen schließen lassen und die obere Kontur nachzeichnen – wieder vom äußeren Augenwinkel zum inneren Augenwinkel. Dabei das bewegliche Lid leicht anheben, damit Sie leichter direkt am Wimpernkranz zeichnen können.

2. Verblenden:
Mit einem Weichzeichner ganz vorsichtig die untere Hälfte der gezeichneten Kontur verblenden, damit die Kante nicht zu hart wirkt.

Vorsicht: Unter dem Auge nicht zu lange arbeiten, das kann den Tränenfluss reizen!

3. Kontur nachzeichnen:
Damit die Kontur noch besser hält, können Sie mit einem Augenkonturenpinsel und einem Lidschatten die Kontur nochmals nachzeichnen. Hier wird wie bei Make-up und Puder der cremige Konturenstift mit dem Lidschattenpuder fixiert.

Beni Durrer Produkte für Augenbrauen und Augenkontur
Pinsel: 7, 8, 9, 10
Lidschattenfarben: „Khaki", „Kaffee", „Kaffeebohne", „Erde"
Konturenstifte Nr.: 3, 4, 5, 20, 22
Anspitzer

Arbeitsschritte

5. Lidschatten

Lidschatten gibt es grundsätzlich in zwei Formen, als Puderlidschatten oder als Cremelidschatten (wie Lippenfarben). Puderlidschatten ist in gepresster Form oder als lose Farbpigmente erhältlich. Gepressten Lidschatten gibt es in Matt, Glänzend oder mit Glitter. Je nachdem wie intensiv die Farbe des Lidschattens sein soll, wird das Werkzeug zum Auftragen entsprechend ausgewählt: schmale, breite, harte oder weiche Pinsel oder Applikatoren. Für extreme Intensität lassen sich manche Lidschatten auch nass auftragen.

So wählen Sie den Pinsel richtig:
Bearbeiten Sie große Flächen, wählen Sie einen großen Pinsel, bei kleinen Flächen einen kleinen Pinsel. Für weiche Verblendungen werden weiche Pinsel und für harte Konturen starrere Pinsel benutzt. Bei engen Kurven arbeiten Sie mit einem runden Pinsel, bei geraden Linien mit einem geraden Pinsel. Es gibt unzählige Pinselformen. Grundsätzlich gibt es aber runde, flache und abgeschrägte Pinsel. Um entscheiden zu können, mit welcher Pinselform Sie am besten arbeiten, sollten Sie einmal alle Formen ausprobieren.

Lidschattenauftrag mit Applikator:
Mit einem Lidschattenapplikator, den es in verschiedenen Größen und Qualitäten gibt, kann Puderlidschatten auf große Flächen durch Auftupfen intensiv appliziert werden, z.B. helle Farben zur Grundierung der Augen. Durch leichtes hin und her wischen, können Sie den Lidschatten dann auch weich ausblenden. Denken Sie daran, Applikatoren regelmäßig auszutauschen oder mit warmem Wasser auszuwaschen.

Lidfalten eindunkeln:
Mit einem schmalen Pinsel werden die Lidfalten eingedunkelt. Wenn die Kundin geradeaus schaut und Sie die Braue leicht anheben, sehen Sie die Lidfalte gut. Halten Sie den Pinsel waagerecht und wählen Sie einen Pinsel mit festem Haar, z.B. Ponyhaar, das garantiert, dass die Lidfalte exakt einschattiert werden kann.

Lidschattenpuder:
Mit sogenannten Fehhaarpinseln, Pinseln aus Haaren von sibirischen Eichhörnchen, können Lidschattenpuder sehr weich und zart aufgetragen werden. Das ist immer dann von Vorteil, wenn ganz fein gearbeitet wird, z.B. wenn weiche Übergänge von dunklen zu hellen Farben und umgekehrt gewünscht werden.

Tipp:
Denken Sie daran, die Pinsel regelmäßig mit Pinselreiniger auszuwaschen.

Beni Durrer Produkte für Lidschatten
Diverse Pinsel je nach gewünschtem Effekt
Lidschattenfarben in allen Farbtönen,
in loser und gepresster Form,
matt und glänzend, in warmen und kalten Tönen

Arbeitsschritte

6. Wimperntusche, Wimpern und Eyeliner

Wimperntusche

1. Wimperntusche oben:
Wimperntusche rundet das Augen-Make-up ab. Um die Wimpern intensiv zu tuschen, ohne dass die Kundin in die Bürste schauen muss, können die Augen geschlossen bleiben. Mit einem Kosmetiktuch das obere Lid abdecken und die Wimpern über die Kante tuschen, dabei Spannung geben. Die Bürste beim Tuschen fest auf das Tuch drücken, so dass die Wimpern richtig eingefärbt werden. Zunächst am Ansatz der Wimpern die Bürste hin und her bewegen und dann nach außen ziehen, so dass der Ansatz intensiv dunkel wird und die Spitzen fein auslaufen.

2. Wimperntusche unten:
Für die unteren Wimpern, die erst danach getuscht werden, muss die Kundin nach oben schauen. Legen Sie das Tuch unter die Wimpern und drücken Sie dann von oben die Bürste in die Wimpern, am Ansatz hin und her bewegen und nach außen ziehen.

3. Wimpern trennen:
Wenn die Wimpern dennoch zusammen kleben oder für Closeups (Nahaufnahmen bei Fotografie oder Film), bürsten Sie die Wimpern mit einem Brauenbürstchen aus. Mit einem Metallwimpernkamm können die Wimpern nach dem Tuschen getrennt werden. Agieren Sie hier sehr vorsichtig, denn Sie arbeiten dabei mit Metallnadeln und es besteht eine hohe Verletzungsgefahr! Achten Sie darauf, dass es hinter Ihnen nicht hektisch zugeht und Sie währenddessen vielleicht sogar geschubst werden könnten.

Höchste Konzentration beim Arbeiten mit dem Metallwimpernkamm ist absolutes Muss!

Tipp: Falls sich die Kundin farbige Wimpern wünscht, können diese, nachdem die Wimperntusche getrocknet ist, mit flüssigem Eyeliner eingefärbt werden.

Wimpernperücken

Wenn die Wimperntusche für den gewünschten Look nicht ausreichend verlängert und verdichtet, helfen Wimpernperücken. Generell werden Einzelwimpern nach dem Tuschen geklebt, Wimpernbänder vor dem Tuschen.

Einzelwimpern kleben:

Bei der Auswahl richtet sich die Länge der Einzelwimpern nach dem gewünschten Effekt. Für die Wimpernpartie zum äußeren Augenwinkel hin verwenden Sie Wimpern, die etwas länger sind als die eigenen. Zur Augenmitte hin arbeiten Sie am besten mit Wimpern mittlerer Länge und zum Augeninnenwinkel hin verwenden Sie die kürzeste Länge.

Für extremere Effekte können Sie auch ganz außen extralange Wimpern, dann lange und zum Augeninnenwinkel hin die mittleren Einzelwimpern kleben. Arbeiten Sie schichtweise, um vollere Wimpern zu erzielen. Oftmals reichen auch schon ein paar Wimpernbüschel am äußeren Augenwinkel, um einen tollen Effekt zu erzielen. Die äußeren Wimpern sind übrigens die Wichtigsten, denn man sieht sie bei geöffnetem Auge am besten und sie verleihen einen unvergleichlichen Augenaufschlag!

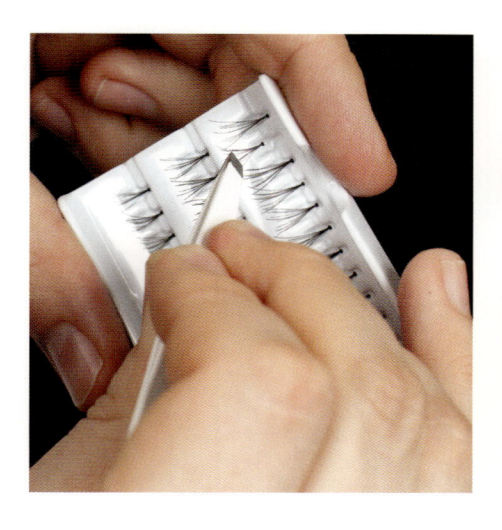

1. Wimpernentnahme:
Die Einzelwimpern mit einer Pinzette ganz am Ansatz der Wurzel aus dem Blister entnehmen.

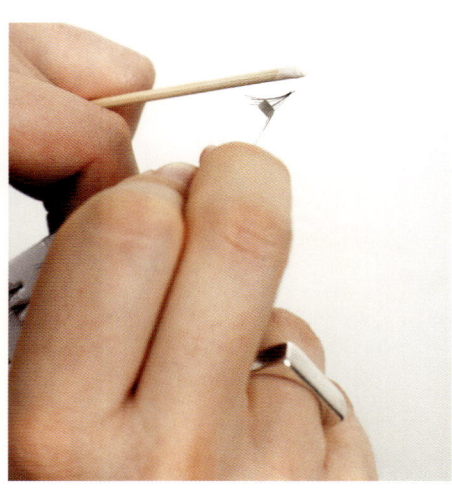

2. Holzstab tränken:
Ein Holzstäbchen mit Wimpernkleber tränken und die Wurzel der Einzelwimpernbüschel in den Kleber tauchen, so dass sie weiß ist. Übrigens ist weißer Kleber am einfachsten in der Handhabung, er wird nach kurzer Trocknungszeit durchsichtig. Es gibt noch schwarzen Kleber, der aber Flecken hinterlassen kann, wenn unsauber gearbeitet wird.

3. Einzelwimpern setzen:
Das bewegliche Lid leicht anheben, so wird der Wimpernansatz besser erreicht. Das Wimpernbüschel auf die eigenen Wimpern auflegen und zum Ansatz hochfahren, loslassen. Das nächste Wimpernbüschel wird ca. drei Millimeter daneben gesetzt, so dass die Wimpernbüschel sich nicht drehen (sind vorne breiter als am Ansatz). Arbeiten Sie schichtweise.

4. Ergebnis:
Das Ergebnis sind volle, lange Wimpern. Falls sich doch ein Büschel lösen sollte, fällt das bei so gesetzten Wimpern nicht markant auf – bei einem Wimpernkranz dafür sehr!

Arbeitsschritte

Wimpernband kleben

1. Wimpernband kürzen:
Sollten Sie länger sein als der natürliche Wimpernkranz, müssen die Wimpernbänder mit einer Schere etwas gekürzt werden.

2. Wimpernkleber:
Den Wimpernkleber auf den Wimpernrand auftragen und etwas antrocknen lassen.

3. Wimpernband aufsetzen:
Kurz bevor der Kleber trocken ist, den Wimpernkranz auf den Ansatz der eigenen Wimpern fest andrücken. Wenn der Kleber getrocknet ist, die Wimpernperücke und echten Wimpern zusammentuschen und so verbinden.

4. Fertig: ein appliziertes Wimpernband.
Der Unterschied zwischen den natürlichen Einzelwimpern und dem Wimpernband ist erkennbar, wobei es auch sehr natürliche Wimpernperücken gibt.

Beni Durrer Produkte für Wimpern
Wimperntusche
Pinsel: 7, 34
Eyeliner in diversen Farben
Einzelwimpern in verschiedenen Längen, diverse Wimpernperücken, Wimpernkleber

Eyeliner

Eyeliner gehört fast zu jedem eleganten Abend-Make-up und lässt die Augen (wenn die Augenform es zulässt!) glamourös erscheinen. Übrigens muss Eyeliner nicht immer nur schwarz, braun oder grau sein. Es gibt viele Farben, die sehr modisch sind. Auch helle Eyeliner können sehr gut wirken. Dabei gilt jedoch: Der Eyeliner muss zum Look und Typ passen.

Ein Lidstrich muss immer perfekt sein; denn ein schiefer Lidstrich kann das ganze Make-up optisch zerstören. Deshalb korrekt arbeiten!

1. Eyeliner außen:
Den Eyeliner erst nach dem Tuschen der Wimpern auftragen. Den feinen Pinsel auf die geschlossenen Wimpern legen, am Wimpernansatz hoch fahren und im Wimpernansatz durchziehen - von der Mitte zum äußeren Augenwinkel. Dabei unbedingt das bewegliche Lid leicht anheben, um wirklich exakt am Wimpernansatz arbeiten zu können. Zwischen Ansatz und Eyeliner darf keine Lücke entstehen.

2. Eyeliner innen:
Ohne den Eyelinerpinsel nochmals einzutauchen, nun am inneren Augenwinkel ansetzen und so einen feinen Anfang des Eyeliners schaffen. Durch diese Technik ist er aber am Augeninnenwinkel ganz fein und wird erst zum äußeren Augenwinkel hin etwas breiter. Falls der Eyeliner nicht gerade ausfällt, kann mit Hilfe eines schmalen, flachen Pinsels korrigiert werden.

Am äußeren Augenrand breiter werdend, hebt der Eyeliner das Auge und lässt es schräger, mandelförmiger aussehen. In der Mitte breiter werdend und am Anfang und Ende schmal auslaufend, wirkt das Auge runder und puppenhafter.

Arbeitsschritte

7. Lippenkonturen

Bei einer unregelmäßigen Lippenform oder wenn der Lippenrand nicht ganz klar definiert ist (bei Rötungen um die Lippenkontur), sollte der Lippenrand im Rahmen der Grundierung mit Make-up gut abgedeckt werden.

Wählen Sie eine Lippenkontur, die der Farbe des Lippenstiftes entspricht oder nur etwas dunkler ist. Falls die Lippenkontur doch etwas korrigiert werden muss und Sie mit Rottönen arbeiten, die auch nach der Korrektur noch erkennbar sind, können Sie mit einem hautfarbenen Konturenstift die Rötungen korrigieren und abdecken.

1. Lippenherz
Achten Sie darauf, dass der Konturenstift weich und angespitzt ist (hygienische Gründe!). Beginnen Sie in der oberen Mitte der Lippen, am sogenannten Lippenherz, und zeichnen Sie zwei runde Bögen. Auch wenn die Lippenform spitz zuläuft, runde Bögen zeichnen, das wirkt weiblicher.

2. Lippenkontur unten:
Dann beginnend am tiefsten Punkt der unteren Lippe einen großen Bogen zeichnen. Achten Sie darauf, dass Ober- und Unterlippe von der Größe ausgeglichen sind. Ansonsten muss der Bogen oben oder unten etwas korrigiert werden, um Symmetrie herzustellen.

3. Lippenwinkel:
Bitten Sie Ihre Kundin den Mund weit zu öffnen, um die Lippenwinkel nachzuzeichnen.

4. Lippenkontur verbinden:
Den Mund wieder schließen lassen und die Kontur von den Ecken nach vorne verbinden.

5. Ecken:
Zum Schluss die Ecken mit dem Konturenstift ausmalen und nach innen verblenden.

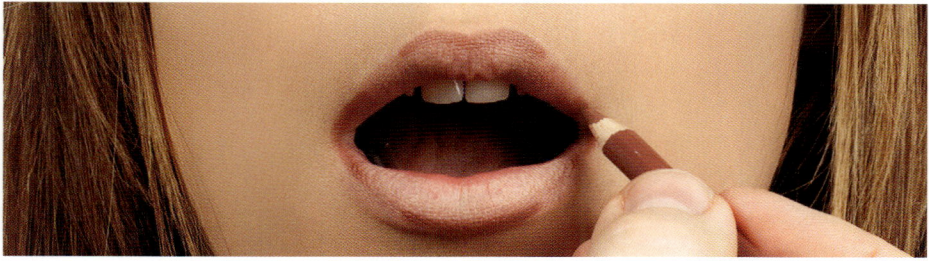

Vorsicht:
In den Ecken nicht über die Lippenform hinaus zeichnen!

Beni Durrer Produkte für Lippenkonturen
Konturenstifte: 1, 2, 6, 7, 8, 9, 10, 11, 12, 13, 14, 23
Gesichtsquaste
Anspitzer

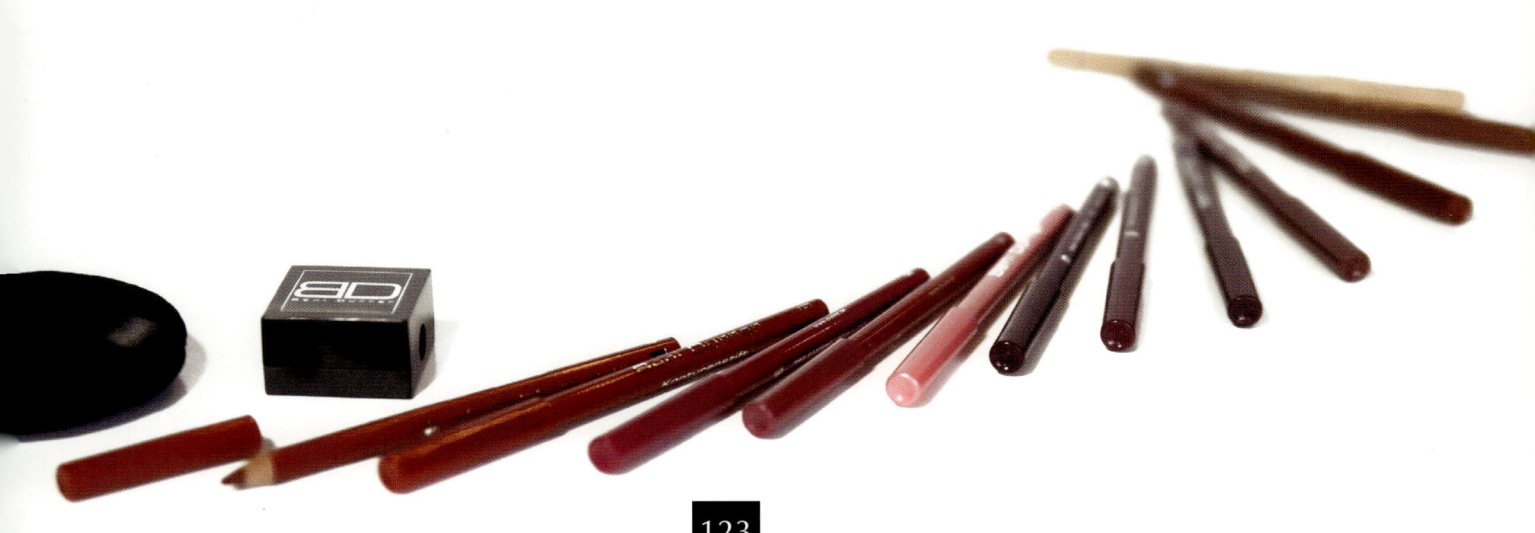

Arbeitsschritte

8. Lippenfarbe

Lippenfarben halten im Vergleich zu Lipgloss besser, weil sie eine festere Konsistenz besitzen, mehr Wachse enthalten und meist auch stärker pigmentiert sind. Ein typgerechter Lippenstift ist sehr wichtig für den Gesamteindruck des Make-ups, da er unterschiedliche Wirkungen hervorrufen kann: Er kann das Gesicht verführerisch, schüchtern, elegant, kompetent aussehen lassen. Die Lippenstiftfarbe muss daher sorgfältig ausgewählt werden.

1. Lippenfarbe auftragen:
Die Lippenfarbe wird mit Hilfe eines Metallspatels entnommen und mit dem desinfizierten Lippenpinsel von der Mitte der Lippe zum Rand hin auslaufend aufgetragen. Wenn Sie mit mehreren Farben arbeiten, zuerst die dunkle Farbe in den Ecken auftragen und zur Mitte hin mit helleren Tönen arbeiten. Matte Farben haften grundsätzlich besser als glossige Farben. Nun die Lippen mit der Lippenfarbe ausfüllen. Dies unbedingt bei geschlossenem Mund ausführen, da sonst die Gefahr besteht, dass die Farbe zu weit nach innen kommt und an den Zähnen unschöne Farbspuren hinterlässt.

2. Lippenlack:
Um mehr Volumen, Brillanz, Frische und Glamour zu erzielen, können Sie einen Lippenlack über der Lippenfarbe applizieren. Auch hier den Lack mit dem Spatel entnehmen und dann erst mit einem Lippenpinsel auftragen.

Beni Durrer Produkte für Lippenfarbe
Pinsel: 20
Gesichtsquaste, Metallspatel
Lippenfarben matt und glänzend, in allen Farben, warm und kalt
Lipgloss in verschiedenen Farben, warm und kalt
Lippenlack klar

9. Wangenrouge und Konturierung

Wangenrouge

Rouge verleiht dem Gesicht Frische. Das Puderrouge wird in einem der Lippenfarbe entsprechenden frischen Ton mit einem Puderpinsel kreisrund auf den höchsten Punkt der Wangen aufgetragen. Dieser Punkt befindet sich da, wo die Wangen hervortreten, wenn die Kundin lächelt. Von da aus das Rouge zu den Schläfen hin auslaufend auftragen. Vorsichtig sollten Sie mit Glanztönen bei älteren Damen sein, da dies die Falten betont.

Etwas schwieriger ist das Auftragen von Cremerouge. Es wird gleich gesetzt wie das Puderrouge und entweder mit den Fingern oder einfacher mit einem Grundierungspinsel appliziert. Der Vorteil: Cremerouge ist wasserfest!

Arbeitsschritte

Konturierung

Etwas grundsätzlich anderes als Rouge ist die Konturierung des Gesichtes. Hier wird die Gesichtsform verändert.

1. Konturierung:
Sie können das Gesicht gleichzeitig mit der Grundierung konturieren. Verwenden Sie dazu eine Make-up-Farbe, die ein paar Nuancen dunkler ist. Oder aber Sie definieren das Gesicht, wenn das Make-up fast fertig ist. Arbeiten Sie mit einem Konturierungspinsel und Lidschatten, der dem Hautton entspricht, aber einige Nuancen dunkler ist. Die Wangenkontur beginnt ungefähr auf Höhe der Ohrmuschel und verläuft in einer Linie zum Mundwinkel. Von dieser Linie werden ca. 2/3 eingedunkelt. An der Ohrmuschel darf die Kontur breiter sein, zum Mundwinkel hin sollte sie weich und schmal auslaufen.

2. Schattierung:
Danach die Schattierung weich verblenden, es dürfen keine Balken zu sehen sein. Eventuell mit mehreren Farben arbeiten und zum Rand hin heller werden.

3. Highlight:
Wie im Bild zu sehen ist, können durch Konturierung Gesichtskonturen verändern werden, hier wurde z.B. eine hohe Stirn korrigiert. Durch Definition des Gesichtes können Sie auch Partien hervorheben und Highlights setzen. Dafür mit hellerem Lidschatten z.B. Kinn, Nasenrücken, Stirn usw. aufhellen.

Beni Durrer Produkte für Wangenrouge und Konturierung

Lidschattenfarben in gepresster oder loser Form, matt, warm und kalt
Rougefarben in Puderform gepresst oder lose, matt und glänzend, warm und kalt
Rougefarben in Cremeform, matt und glänzend, warm und kalt
Pinsel: 3, 4, 5, 16, 40, 42, 47

10. Kontrolle

Ganz wichtig bei jedem Make-up, egal ob Tages- oder Abend-Make-up, ist die Kontrolle im Spiegel! Stellen Sie sich dafür hinter die Kundin und schauen in den Spiegel. So betrachten Sie das Gesicht nochmals seitenverkehrt und erkennen eventuelle Unregelmäßigkeiten besser.

Scheuen Sie sich nicht zu korrigieren. Seien Sie lieber ehrlich, als zu denken „vielleicht sieht es die Kundin nicht" – die beste Freundin sieht es garantiert!

Praxis

Tages-Make-up

Ein Tages- oder Business Make-up muss alltagstauglich, seriös und haltbar sein – es soll schließlich den ganzen Tag überstehen.

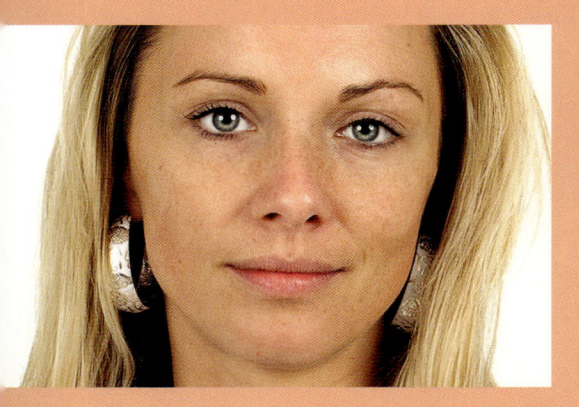

Der Look ist natürlich in erster Linie vom Beruf abhängig. Vielleicht hat Ihre Kundin aber auch ein Vorstellungsgespräch oder muss eine wichtige Präsentation halten?

Informieren Sie sich im Vorfeld genau, um ein bestmögliches Ergebnis für den jeweiligen Anlass zu erzielen.

Das dezente Make-up ist haltbar und übersteht nun auch lange Arbeitstage.

Es ist perfekt für alle Berufe, die einem Publikum ausgesetzt sind, ohne zu stark geschminkt sein zu dürfen; z.B. in einer Arztpraxis.

Tages-Make-up

1. Grundierung:
Geschminkt zu sein ohne geschminkt auszusehen, ist die Devise beim Tages-Make-up. Das beste Make-up sieht man nicht! Tragen Sie abhängig vom Hautbild so wenig wie möglich Grundierung mit einem Pinsel auf.

2. Augenbrauen bürsten:
Die Augenbrauen mit einem Augenbrauenbürstchen nach unten bürsten.

3. Augenbrauen nachzeichnen:
Zeichnen Sie mit einem Lidschattenton, der dem Haaransatz gleicht und einem kleinen Augenkonturenpinsel die Brauen nach und füllen Sie eventuelle Lücken auf.

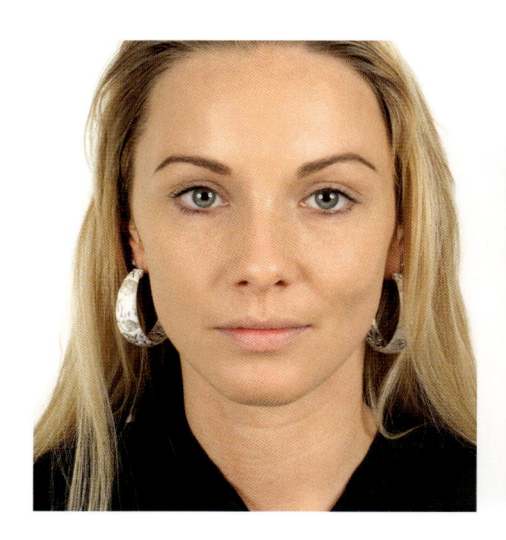

4. Augenbrauen bürsten II:
Danach die Brauen wieder nach oben bürsten. Achten Sie dabei darauf, dass sie möglichst symmetrisch sind.

5. Augenkonturen:
Mit einem kleinen Augenkonturenpinsel und einer braunen Lidschattenfarbe die Augenkonturen nachzeichnen und nach außen verblenden. Hellen Sie danach die komplette Augenpartie mit einem hellbeigen Lidschatten auf, verwenden Sie dafür einen großen Augenschattierpinsel.

6. Lidfalte:
Nun die Lidfalte mit einem Lidfaltenpinsel in einem Braunton eindunkeln. Nach oben auslaufend verblenden. So wirkt das Auge „geöffnet".

7. Wimpern:
Die Wimpern sowohl oben als auch unten stark tuschen.

8. Lippenkontur:
Die Lippenkontur mit einem der natürlichen Lippenfarbe entsprechenden Konturenstift nachzeichnen und ausfüllen, so hält das Lippen-Make-up länger. Tragen Sie mit einem Lippenpinsel eine natürliche Lippenfarbe von der Mitte her zum Rand hin auslaufend auf.

9. Rouge:
Um dem Gesicht Frische zu verleihen ein dezentes Rouge auftragen, hier wird ein Pastellton gewählt.

Für diese Version wird das Tages-Make-up nochmals etwas verstärkt und eignet sich so besonders für Berufsfelder mit repräsentativen Aufgaben in der Öffentlichkeit; z.B. Tätigkeit am Empfang.

Tages-Make-up

Für jemanden, der in seinem Beruf Make-up präsentiert, z.B. in einer Parfümerie, darf und sollte der Tages-Look kräftiger sein.

Tages-/Business-Make-up (dezent)

Augenbrauen:
■ Khaki

Lidschatten:
■ Haselnuss
□ Champagner

Wimperntusche:
■ schwarz

Rouge:
■ Schüchtern

Lippenkontur:
■ Konturenstift Nr. 2

Lippenfarbe:
■ Romy

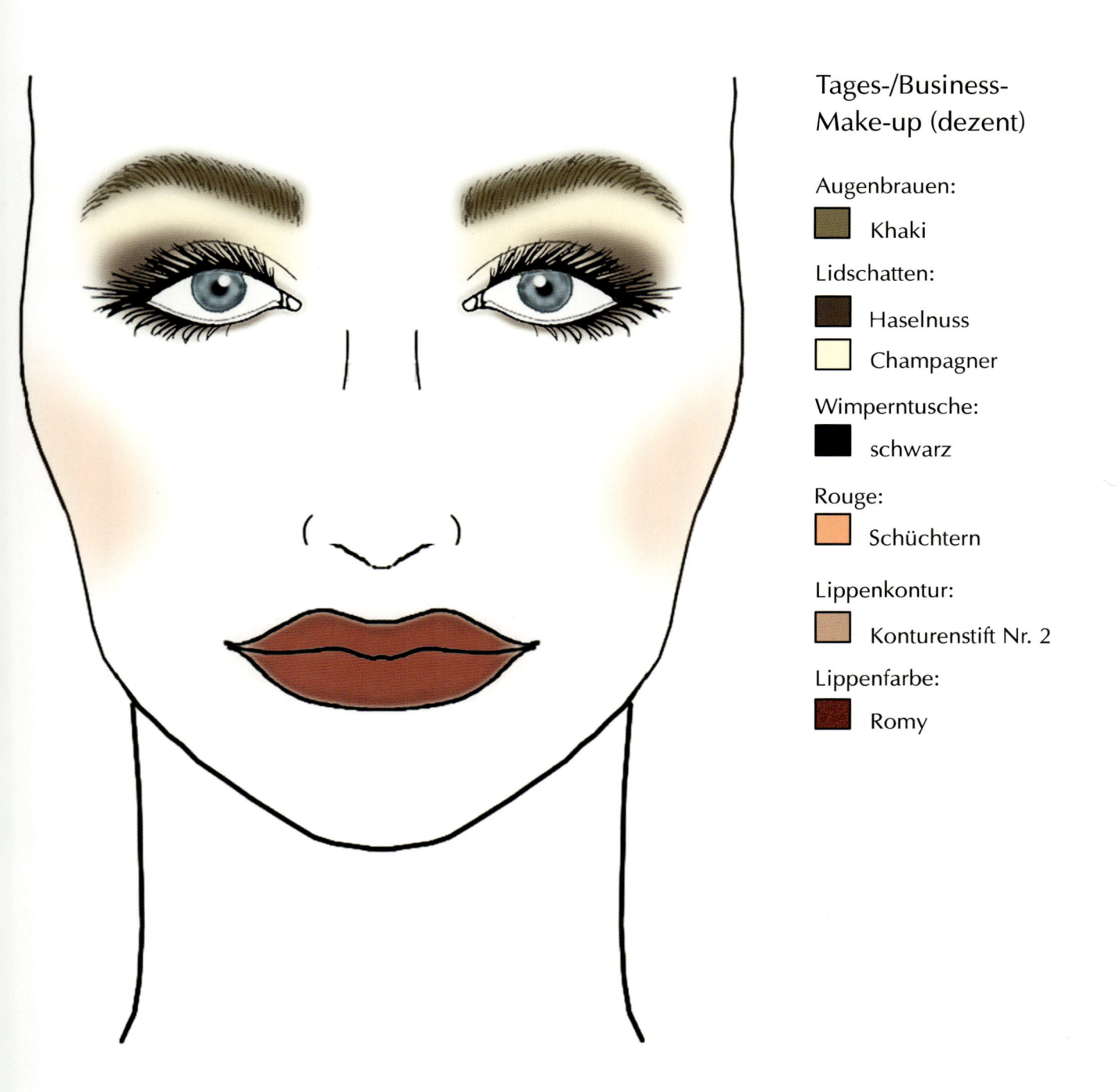

Beni Durrer Produkte für das Tages-Make-up

HDTV-Make-up		Konturenstift:	Nr. 2
Puder:	Nr. 2	Lippenfarbe:	„Romy"
Lidschattenfarben:	„Champagner", „Khaki", „Haselnuss"	Pinsel:	3, 7, 9, 12, 15, 20, 42
Wimperntusche:	schwarz		

Abend-Make-up

Intensive Töne setzen Weiblichkeit perfekt in Szene und versprühen Raffinesse – ein verführerischer Look für den Abend entsteht. Sowohl für ein normales Abend-Make-up als auch für ein Gala-Make-up werden die Farben kräftiger gewählt. Das Gala-Make-up ist dann intensiver als der Abend-Look und muss passend zu Kleidung und Schmuck sehr elegant und luxuriös sein, gern aber auch verführerisch.

Für den Abend darf das Make-up stärker sein als tagsüber und glamourös wirken. Es werden kräftigere Farben gewählt. Das Hautbild, Grundlage eines jeden guten Looks, sollte 100% ebenmäßig sein, wobei sich die Wahl der Produkte nach dem Hauttyp und der Hautstruktur richtet. Heben Sie Konturen stärker hervor als tagsüber und schminken Sie eventuell – je nach Abendkleid – auch das Dekolleté mit.

Für ein Abend-Make-up gibt es drei Varianten:

– Entweder die Augen betonen und die Lippen zurücknehmen,
– die Augen nur konturieren (zum Beispiel mit einem Eyeliner betonen), dafür die Lippen mit einer aufregenden Farbe stark schminken,
– oder aber die Augen und die Lippen hervorheben. Hier sollten Sie allerdings die Augen- und Lippenformen beachten, denn es ist in einigen Fällen nicht von Vorteil, wenn sie betont werden!

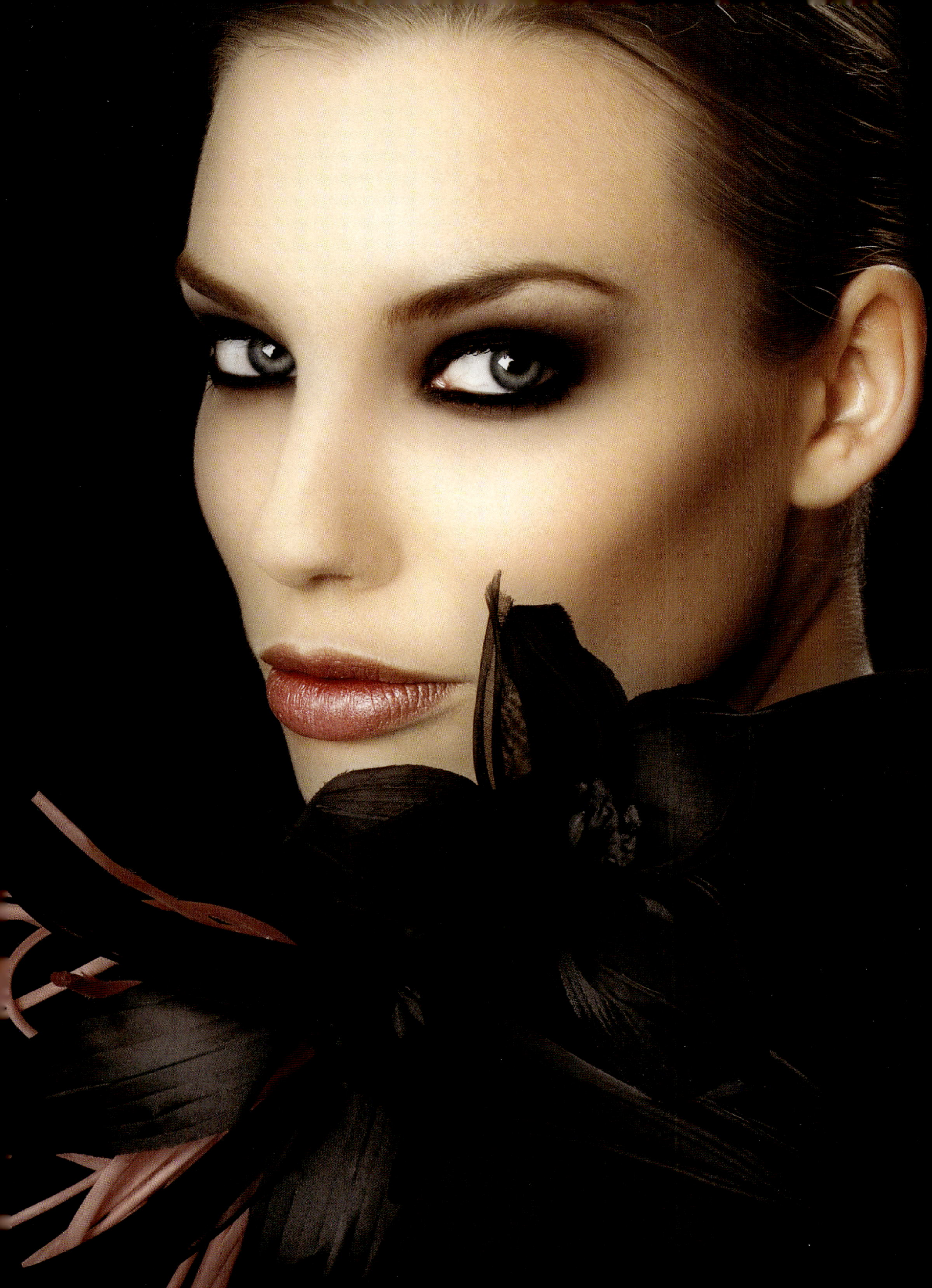

Gala-Make-up

Das Gala-Make-up muss auf Kleidung und Schmuck abgestimmt und elegant bis hin zu extravagant sein. Die Wirkung der Augen wird mit dunklen, ausdrucksstarken Farben betont, sie werden intensiv hervorgehoben. Ein besonderer Akzent bei einem Gala-Make-up ist Eyeliner, der auf das obere Lid aufgetragen wird, um so dem Blick Tiefe und eine geheimnisvolle Ausstrahlung zu geben. Die Lippen werden in sinnlich-betörenden Rottönen in Szene gesetzt, wobei die Farbe auf die der Robe abgestimmt werden muss. Als Highlight kann auf die Mitte der Lippen eine Farbe aufgetragen werden, die um zwei Nuancen heller ist als die Lippenfarbe. Lipgloss schenkt zusätzlichen Glanz.

„Tausendschön" in die Nacht

Der Look „Tausendschön" ist mit glamourösen Smokey-Eyes der perfekte Look für den Abend und kann **je nach Intensität und Typ sowohl Abend- als auch Gala-Make-up sein**. Ein Look für den glanzvollen Auftritt, der seine Trägerin zum strahlenden Mittelpunkt der Nacht werden lässt. Namensgeberin des Looks ist die Rolle des „Fräulein Tausendschön" im Film „18.15 Uhr ab Ostkreuz" gespielt von Sandra S. Leonhard, die das Gesicht des Looks ist.

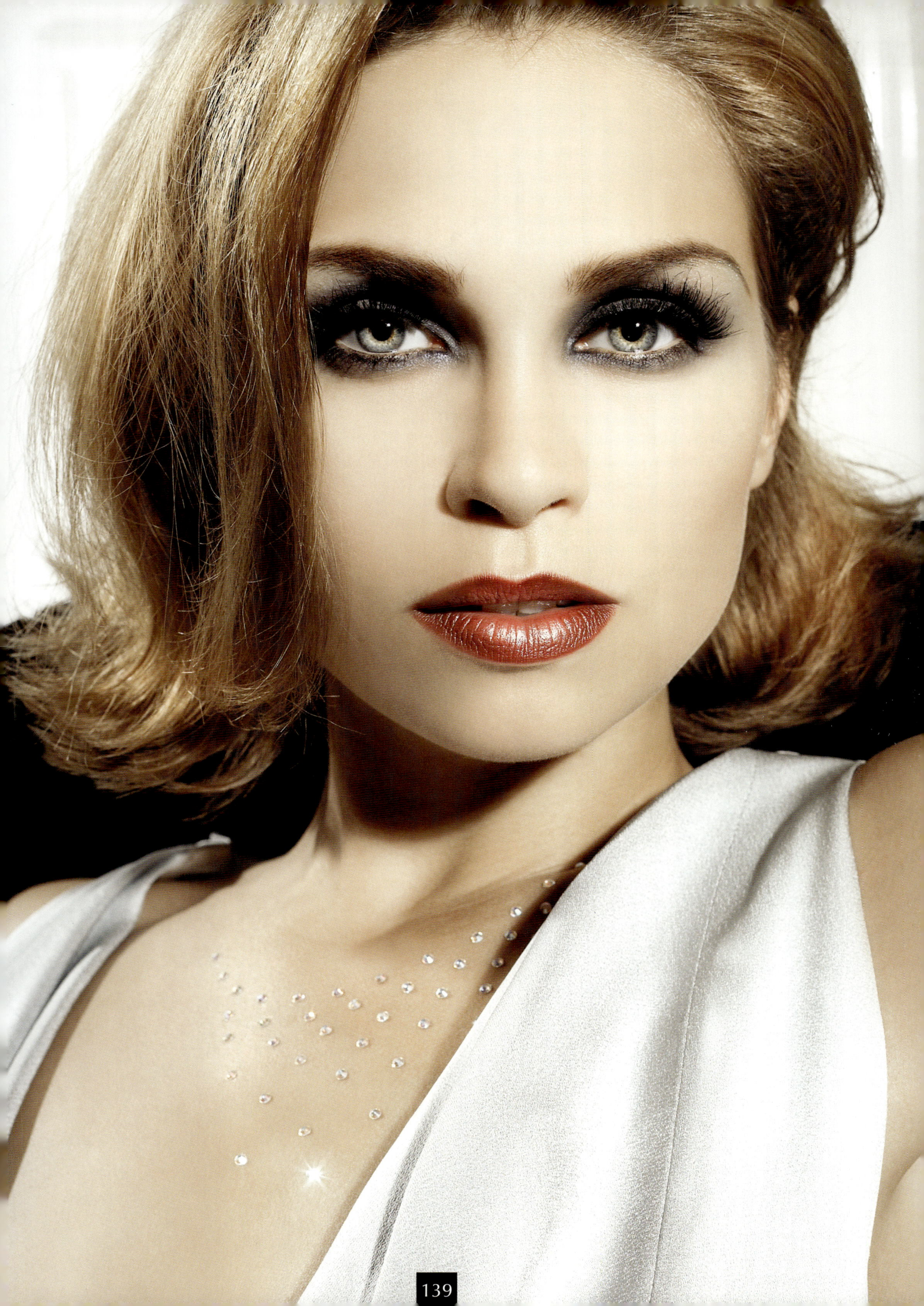

Gala-Make-up

1. Grundierung:
Um das Gesicht ebenmäßig erscheinen zu lassen, tragen Sie mit einem Grundierungspinsel ein gut deckendes Make-up auf. Das Gesicht dann mit einem dem Hautton entsprechenden Gesichtspuder abpudern.

2. Augenbrauen:
Die Augenbrauen mit einer Augenbrauenbürste nach unten bürsten. So sehen Sie den Ansatz der Brauen, die mit einem abgeschrägten Augenkonturenpinsel und einer zum Haaransatz passenden Lidschattenfarbe nachgezeichnet werden. Anschliessend die Brauen wieder nach oben in Form und überschüssige Farbe ausbürsten.

3. Konturenstift:
Umranden Sie die Augen mit einem weichen tiefschwarzen Konturenstift komplett, auch den inneren Lidrand, das so genannte „Treppchen", schwarz einfärben. So geben Sie dem Auge die für Smokey-Eyes nötige Tiefe. Mit einem radiergummiartigen Weichzeichner die harten Linien weich verblenden und soften.

4. Lidschatten dunkel:
Tragen Sie zunächst mit hellem, losem Puder eine „Puderbremse"* auf. Mit einem Lidschattenapplikator geben Sie nun schwarzen Lidschatten auf das bewegliche Augenlid und tupfen es vom Wimpernkranz bis über die Lidfalte hinaus auf. Mit einem Pferdefüsschen-Pinsel dann die Farbe in Richtung Augenbrauen soften.

5. Augenkonturierung:
Nun mit einem kurzen Lidfaltenpinsel die untere Augenkontur soften. Die Augen können Sie rundherum eindunkeln, wenn es die Augenform zulässt! Tragen Sie dann eine dunkelblaue Lidschattenfarbe über dem Schwarzton auf und verteilen Sie diese wiederum zum Rand hin auslaufend.

6. Lidschatten hell:
Tragen Sie jetzt einen sehr hellen, blaugrünen Lidschatten mit einem großen, runden, weichen Fehhaarpinsel rund um das Auge sparsam auf. Das verleiht dem Auge ein filigranes, zartes Aussehen.

7. Farbpigmente und Wimpern:

Als Highlight applizieren Sie mit einem kleinen Fächerpinsel lose Farbpigmente in einem stark glänzenden Wassergrün von der Braue nach unten auslaufend. Danach tuschen Sie die Wimpern mit der Wimperntusche schwarz ein und kleben eine Wimpernperücke auf die Wimpern auf.

*Puderbremse: Um zu verhindern, dass herabfallende Farbpigmente die Gesichtsgrundierung ruinieren, wird eine sogenannte „Puderbremse" aufgetragen.
Eine sehr dicke Puderschicht unter den Augen platzieren, der überschüssige Puder fängt eventuell herabfallende Farbteilchen auf, die dann später mitsamt dem Puder leicht wieder entfernt werden können.
Weitere Möglichkeiten:
– Erst nach dem Augen-Make-up das Gesicht mit Puder fixieren, so kann die Grundierung nochmals ausgebessert werden.
– Erst nach dem Augen-Make-up das komplette Gesicht grundieren.
– Während des gesamten Augen-Make-ups ein Kosmetiktuch unter das Auge halten.

8. Glanzpuder und Lippen:

Mit einem Rougepinsel einen glänzenden Ton zwischen altrosé und apricot auf Wangenknochen, Nasenrücken, Stirn, Kinn, Schlüsselbein und Schultern auftragen.

Mit einem bordeauxfarbenen Konturenstift zeichnen Sie im nächsten Schritt die Lippenkonturen nach und blenden sie nach innen ein. Anschließend die Lippen mit Hilfe eines Lippenpinsels in einem kühlen Brombeerrot ausfüllen. Nun setzen Sie einen cremigen, hellbraunen Ton mit silbrigem Glanz als Highlight auf die Mitte der Lippen. Das ist pure Eleganz.

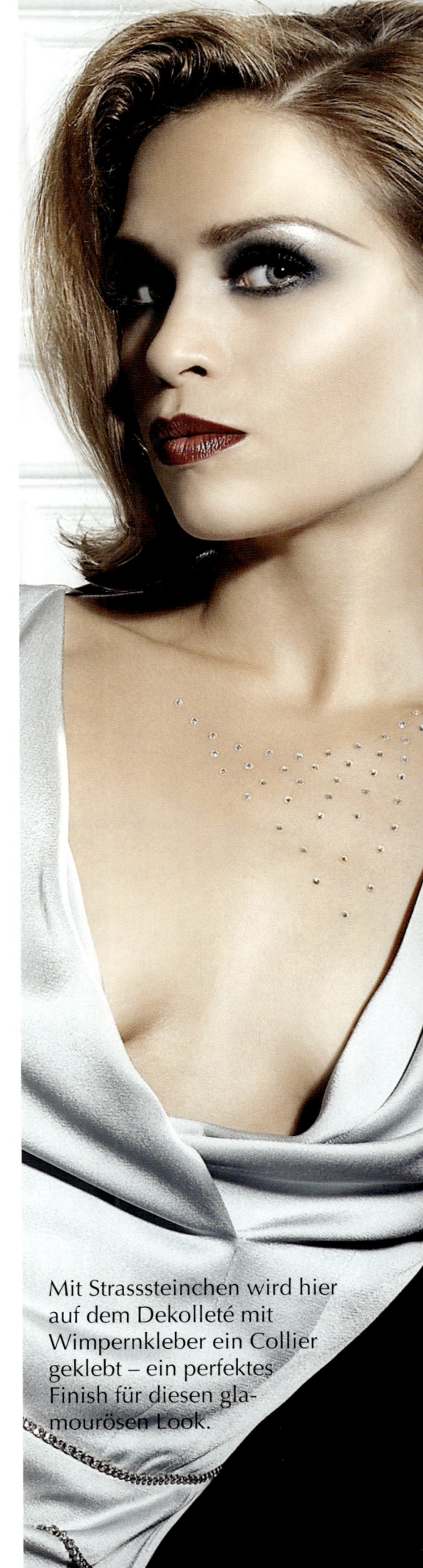

Mit Strasssteinchen wird hier auf dem Dekolleté mit Wimpernkleber ein Collier geklebt – ein perfektes Finish für diesen glamourösen Look.

Gala-Make-up

Gala-Make-up

Augenbrauen:

■ Khaki

Lidschatten:

■ Konturenstift Nr. 22

■ Lakritze

■ Saphir

■ Wasser

Wimperntusche:

■ schwarz

Wimpernperücke:

Josephine

Effekte:

■ Sternenstaub Triton

Rouge:

■ Tausendschön

Lippenkontur:

■ Konturenstift Nr. 11

Lippenfarbe:

■ Inferno

■ Sanssouci

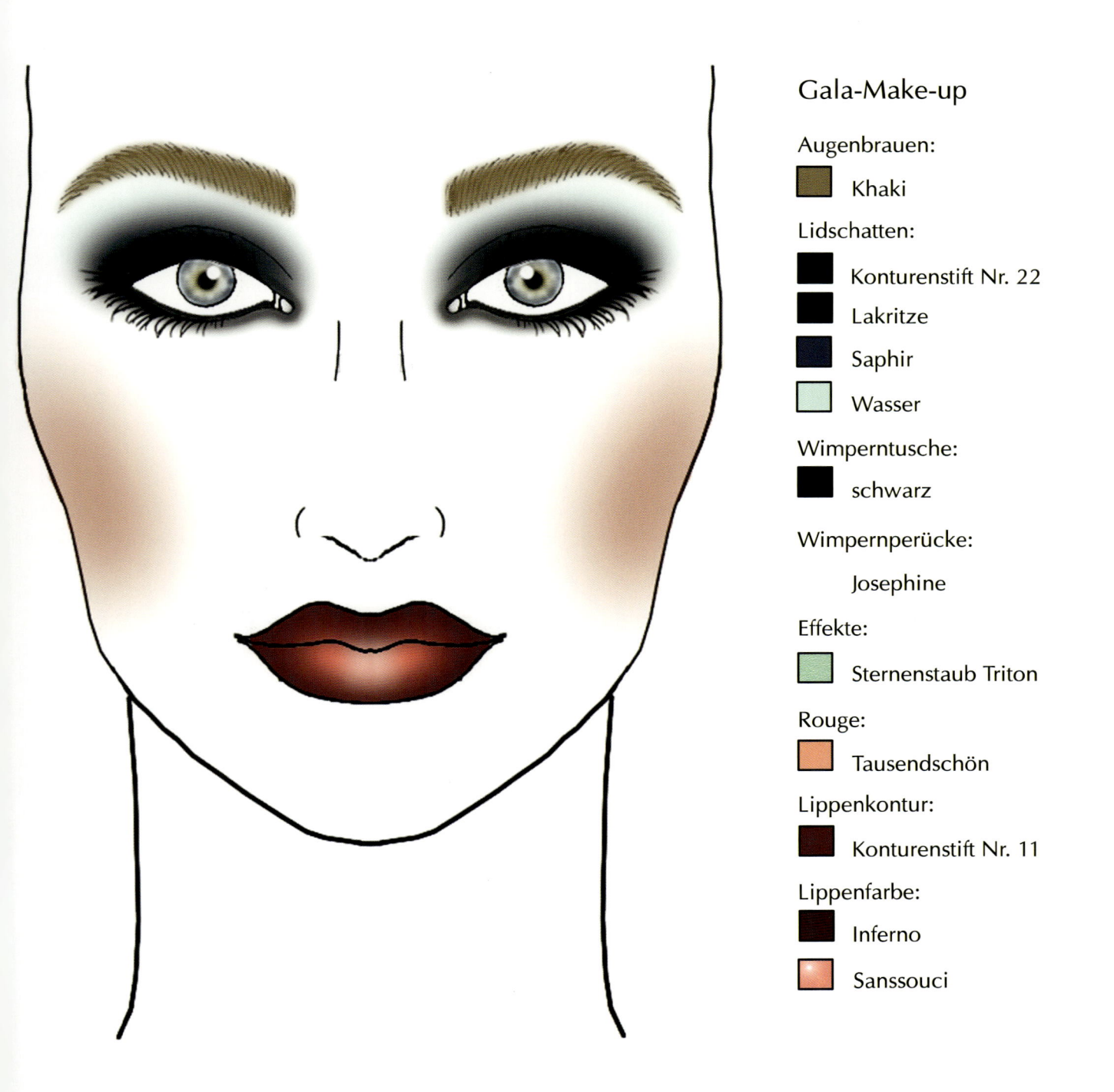

Beni Durrer Produkte für das Gala-Make-up

Studio Make-up:	Nr. 14	Lippenfarbe:	„Inferno", „Sanssouci"
Gesichtspuder:	Nr. 4	Strasssteine:	kristallfarben
Lidschattenfarben:	„Tausendschön", „Khaki", „Lakritze" „Saphir", „Wasser"	Sternenstaub:	„Triton"
		Konturenstifte:	Nr. 22, Nr. 11
		Lippenlack:	transparent
Wimperntusche:	schwarz	Pinsel:	1, 3, 7, 8, 9, 11, 13
Wimpernperücke:	„Josephine"		15, 20, 30, 33, 35

Nude-Make-up

Geschminkt sein, ohne geschminkt auszusehen – treffender könnte man das derzeit angesagte Nude-Make-up nicht beschreiben. Der Look lebt von starken Schattierungen mit Nuancen in sehr feinen Tönen. Es dürfen auf keinen Fall knallige Farben verwendet werden. Ein Nude-Make-up kann auch als Grundlage für ein darauf aufbauendes Make-up (z.B. Braut- oder Foto-Make-up) dienen. Dafür wird es dann verstärkt bzw. definiert.

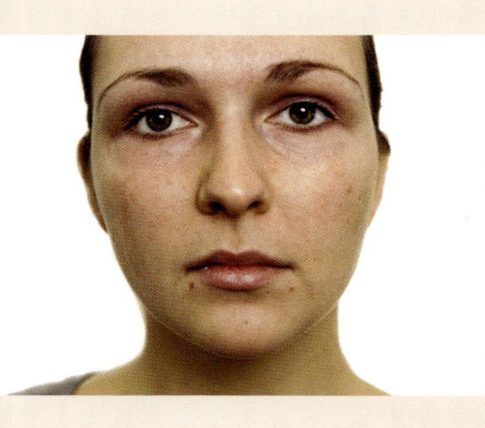

Die Haut unseres Models ist zwar auf den ersten Blick sehr ebenmäßig, schaut man genau hin, kann man jedoch Hautunregelmäßigkeiten wie kleine Pickelchen, Rötungen und Schatten erkennen.

So entsteht das Nude-Make-up:

Für die helle Haut des Models wird ein flüssiges, stark deckendes Make-up aus zwei Nuancen gemischt und aufgetragen.

Decken Sie vor allem den Augenbereich gut ab. Die Augenbrauen mit einem hellbraunen Ton akzentuieren und in Form bürsten. Hierfür einen kleinen Augenkonturenpinsel und dann das Augenbrauenbürstchen verwenden.

Hellen Sie mit einem champagnerfarbenen Lidschatten die komplette Augenpartie auf; ein Applikator eignet sich für einen kräftigen Farbauftrag am besten. Nun zeichnen Sie mit einem dunkelbraunen Lidschatten die Augenkonturen mit einem kleinen Augenkonturenpinsel und die Lidfalte mit einem Lidfaltenpinsel nach und verblenden diese. Mit einem hellen Rosé-Braun den dunkelbraunen Lidschatten mit einem Augenschattierpinsel und einem kurzen Lidfaltenpinsel nach außen aufhellen und aussoften. Tuschen Sie die Wimpern schwarz. Bei sehr hellblonden Typen können Sie, je nach gewünschter Intensität, auch nur braune Wimperntusche verwenden.

Auch die Wangenknochen werden unterhalb mit einem hellen Rosé-Braun und einem schrägen Konturenpinsel eingedunkelt, ebenso die Stirnecken und die Nasenseiten, sowie die Kinnkante. Dies verleiht dem Gesicht einen plastischen Eindruck, denn Make-up allein würde das Gesicht sehr flach erscheinen lassen.

Auf eine harte Lippenkontur wird bei diesen Look verzichtet. Die natürliche Lippenfarbe entsteht durch Mischen von drei Tönen; einem kalten Roséton, einem kühlen Apricot und einem hellen Beigeton. Die Lippen mit dem dezenten Ton einfärben. Geben Sie zum Schluss Lippenlack darüber, der den Effekt frisch angefeuchteter Lippen erzeugt.

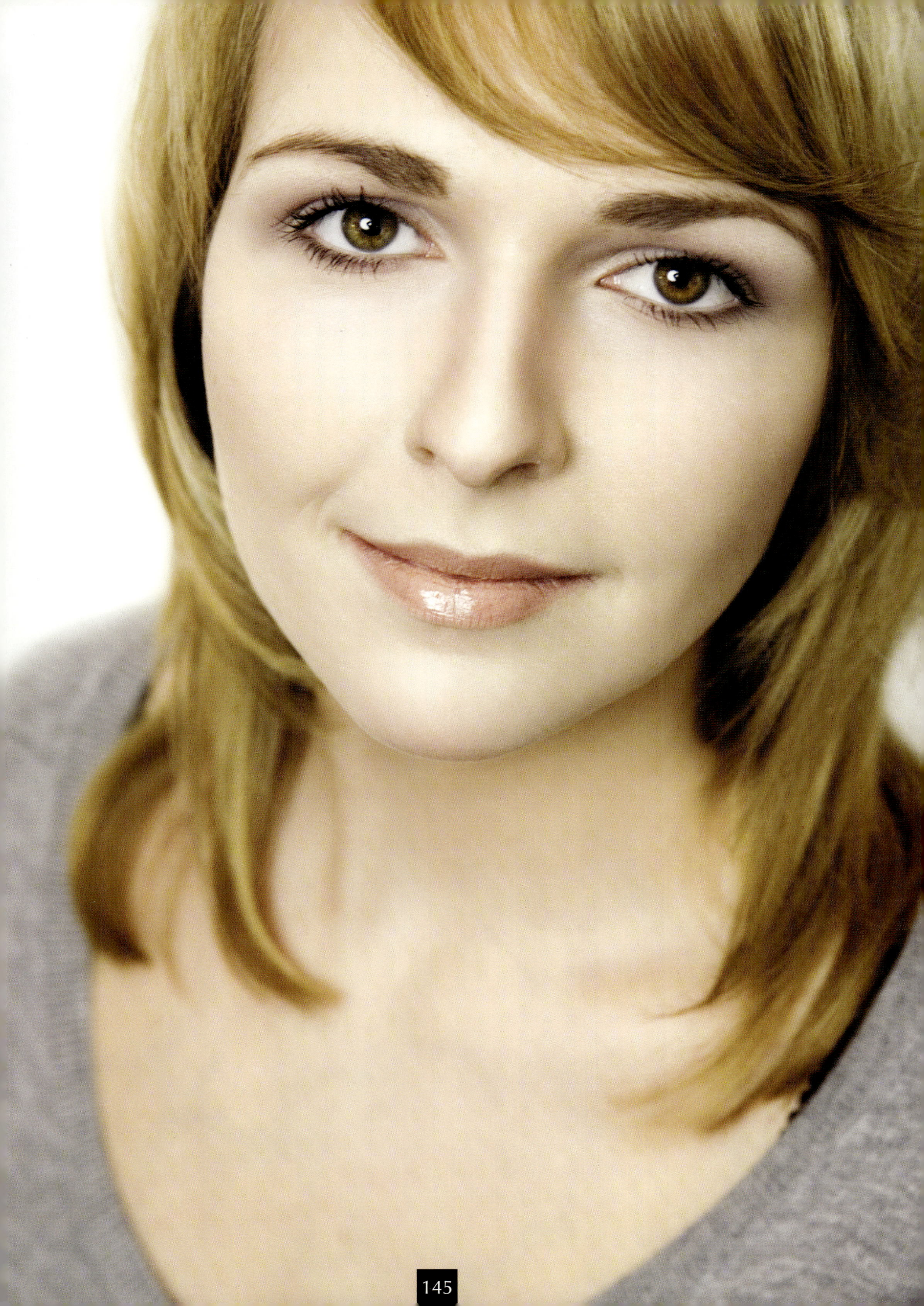

Nude-Make-up

Schimmernde Nuancen in Lachs und Champagner für die Augen und ein sanftes Lippen-Make-up in Rosenholzfarben: Hier sehen Sie eine weitere Variante für einen Nude-Look, der auch als Tages-Make-up tragbar ist.

Nude-Make-up

Augenbrauen:

■ Khaki

Lidschatten:

■ Champagner
■ Erde
■ Trüffel

Wimperntusche:

■ schwarz

Rouge:

■ Trüffel

Lippenfarbe:

■ Zufall
■ Arc
■ Fetisch

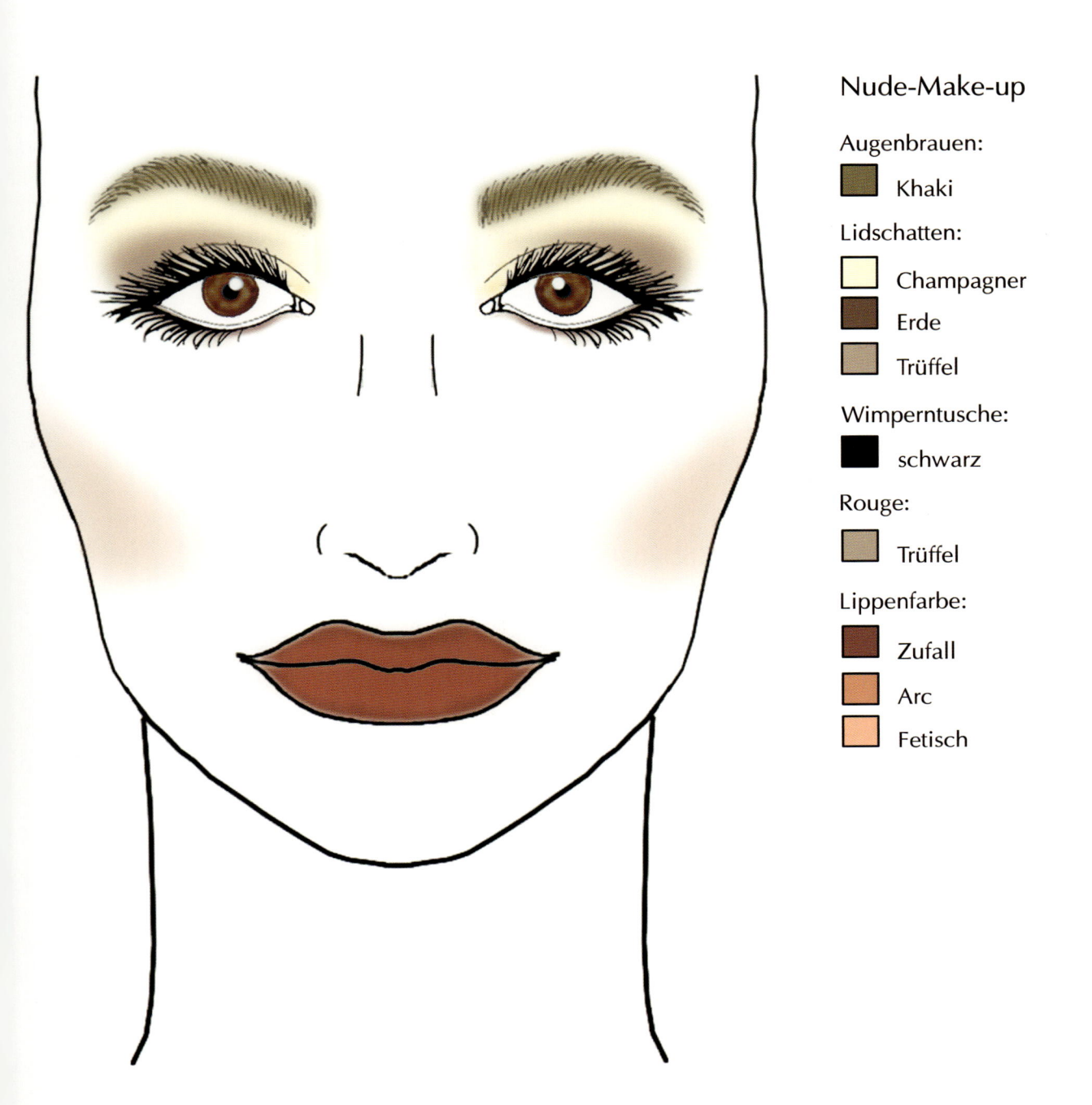

Beni Durrer Produkte für das Nude-Make-up

HDTV-Make-up:	Nr. 210, Nr. 220	Lippenfarbe:	„Zufall", „Arc", „Fetisch"
Lidschattenfarben:	„Champagner", „Khaki", „Erde", „Trüffel"	Lippenlack	
		Pinsel:	4, 7, 9, 11, 12, 13, 14, 20
Wimperntusche:	schwarz		

Braut-Make-up

Traditionell wird die Braut meist in Rosétönen oder zarten Farben geschminkt. Doch nicht jede Braut trägt heutzutage Weiß, denn beim Brautkleid ist mittlerweile erlaubt, was gefällt; von Weiß über Grün bis hin zu Royalblau. Deshalb sollte auch das Make-up für das Ja-Wort nicht festen Regeln folgen, sondern vor allem auf den Typ der Braut, aber auch auf Kleid, Blumenstrauß und Schmuck abgestimmt sein. Das Braut-Make-up muss haltbar, tränenfest und fotogen sein – und das den ganzen Tag lang!

Schließlich erinnern noch Jahre später zahlreiche Fotos an diesen wunderbaren Augenblick. Und nicht vergessen: Wasserfeste Wimperntusche!

Praxis-Tipp:

Wichtig für Sie als Visagist ist, dass Sie die Braut einige Tage vor der Hochzeit kennenlernen. So können Sie abgestimmt auf den Typ ein Probe-Make-up erstellen. Farbe des Kleides, Schmuck, Blumen und eventuell Brille müssen berücksichtigt werden. Augenbrauenstyling und Wimpern färben sind für ein solch schönes Make-up selbstverständlich. Auch sollte die Haut mit genügend Pflege vorbereitet werden. Wenn der Braut das Make-up gefällt, wird es schriftlich und bildlich festgehalten. Am Tag der Hochzeit wird die Braut innerhalb von 30 Minuten ohne Hektik perfekt geschminkt. Pünktlichkeit ist an diesem Tag das oberste Prinzip, wenn Sie zur Braut nach Hause gehen, aber auch wenn die Braut zu Ihnen kommt. Vergessen Sie nicht, dass Sie mit dem Make-up einen Teil zum Gelingen der Hochzeit beitragen; schließlich möchte jede Braut einfach wunderschön aussehen!

149

Braut-Make-up

1. Ungeschminkt:
Vor der Tagescreme tragen Sie eine straffende Ampulle auf, dann hält das Make-up besser. Die Grundierung dieses verstärkten Tages-Make-ups muss dem Hauttyp und Hautbild angepasst sein. Das Styling der Augenbrauen und das Färben der Wimpern haben Sie bereits vor einigen Tagen durchgeführt.

2. Grundierung:
Passend zum Hautton wird hier ein gelbliches Make-up mit einem Grundierungspinsel aufgetragen.

3. Augengrundierung:
Die Augenschatten mit einem roséfarbenen Make-up und einem kleinen Grundierungspinsel aufhellen.

4. Puder:
In diesem Schritt applizieren Sie Puder, um das Make-up zu fixieren und vor allem zu mattieren. Das ist bei einem Braut-Make-up sehr wichtig, denn die Blitzlichter der Kameras würden auf der glänzenden Haut extrem reflektieren und jedes Foto müsste nachbearbeitet werden.

5. Augenbrauen:
Augenbrauen mit einem Augenbrauenbürstchen nach unten bürsten und mit einem hellen, der Haarfarbe entsprechenden Lidschatten nachzeichnen. Danach die Härchen nach oben in Form bürsten.

6. Augenkontur:
Die Augenkontur mit einem Braunton nacharbeiten und nach außen verblenden, so dass die Augenkontur weich verläuft und nicht zu starr wirkt.

7. Lidschatten dunkel:
Mit der gleichen Farbe wie die Augenkontur nun das bewegliche Lid mit einem Pferdefüßchen-Pinsel eindunkeln. Den Lidschatten gut auftupfen und nach oben auslaufend verblenden. Tragen Sie die Farbe bis über die Lidfalte hinaus auf, so dass man bei geöffnetem Auge noch etwas von der dunklen Farbe oberhalb der Lidfalte sieht.

8. Lidschatten Mitte unten:
Nun Lidschatten in einem Rosenholzton unterhalb des Auges über die Kontur auftragen. Mit einem Pinsel, der etwas breiter ist als ein Konturierungspinsel und sowohl rund als auch spitz zuläuft (kurzer Lidfaltenpinsel), kann die Kontur noch weicher gezeichnet werden und die Schattierung gelingt leicht.

9. Lidschatten Mitte oben:
Der Rosenholzton wird auch oberhalb auf dem beweglichen Lid verwendet, hier mit einem weichen Eichhörnchenpinsel auftragen. Auch diesen Ton etwas höher applizieren als den Braunton. Wichtig ist, dass die Übergänge immer weich verlaufen!

10. Lidschatten Lichtpunkt:
Mit einem Katzenzungenpinsel, ein flacher, halbrunder Pinsel, einen weißen, glänzenden Ton direkt unter der Braue am höchsten Punkt platzieren und verblenden.

11. Lidschatten hell:
Die Partie rund um das Auge wird hellbeige eingefärbt. Das können Sie mehrmals wiederholen, damit die Übergänge fließend werden.

12. Wimperntusche:
Die Wimpern schwarz tuschen.
Tipp: Unbedingt eine wasserresistente Wimperntusche verwenden, denn beim Ja-Wort kullert bestimmt die ein oder andere Träne.

Braut-Make-up

Oft werden auch einige Bilder in schwarzweiß gemacht, ein schöner Effekt – wenn die Braut stark genug geschminkt ist!

13. Wimpern:
Um den schönsten „Augenblick" zu verstärken, werden Einzelwimpern geklebt, lange Wimpern außen, mittlere in der Mitte und kurze Wimpern zum inneren Augenwinkel hin.

14. Eyeliner:
Ziehen Sie nun mit einem schmalen, dunkelbraunen, flüssigen Eyeliner direkt am Wimpernkranz eine Linie.

15. Highlight oben:
Wenn das Hochzeitskleid nicht rein weiß, sondern etwas „gebrochen" ist, wirkt es schöner, wenn das Highlight unter der Augenbraue in einem wärmeren Ton ist. Hier werden mit einem speziellen Fächerpinsel lose Farbpigmente in einem rosé-pastelligen Ton aufgetragen. Ein Hauch Glamour und doch nicht zu viel!

16. Highlight:
Mit den gleichen Farbpigmenten kann das Auge am inneren Augenwinkel noch etwas aufgehellt werden, der Blick wirkt so noch offener.
Achtung: Bei weit auseinander stehenden Augen auf keinen Fall aufhellen!

17. Lippenkontur:
Mit einem weichen Konturenstift die Lippenkontur nachzeichnen, wenn nötig etwas korrigieren und nach innen verwischen.

18. Lippenfarbe:
Hier wird die Lippenfarbe auf den Schmuck abgestimmt. Mit einem changierenden Rosé-/Goldton und einem Lippenpinsel die Mitte der Lippe ausfüllen und die Farbe zum Rand hin ausblenden.

19. Lippenlack:
Verführerischer und lebendiger sieht der Mund aus, wenn er etwas glänzt. Dafür etwas Lippenlack in der Mitte applizieren.

20. Wangenrouge:
Einen der Lippenstiftfarbe entsprechenden Rougeton wählen und auf dem höchsten Punkt der Wangen kreisrund nach hinten zu den Schläfen hin auslaufend mit einem kleinen Puderpinsel auftragen, das zaubert zusätzlich etwas Frische aufs Gesicht.

Braut-Make-up

Braut-Make-up

Augenbrauen:
■ Khaki

Lidschatten:
□ Perle
□ Champagner
■ Rosenholz
■ Haselnuss

Wimperntusche:
■ schwarz

Effekte:
□ Sternenstaub Virgin

Rouge:
■ Tausendschön

Lippenkontur:
■ Konturenstift Nr. 6

Lippenfarbe:
■ Stolz

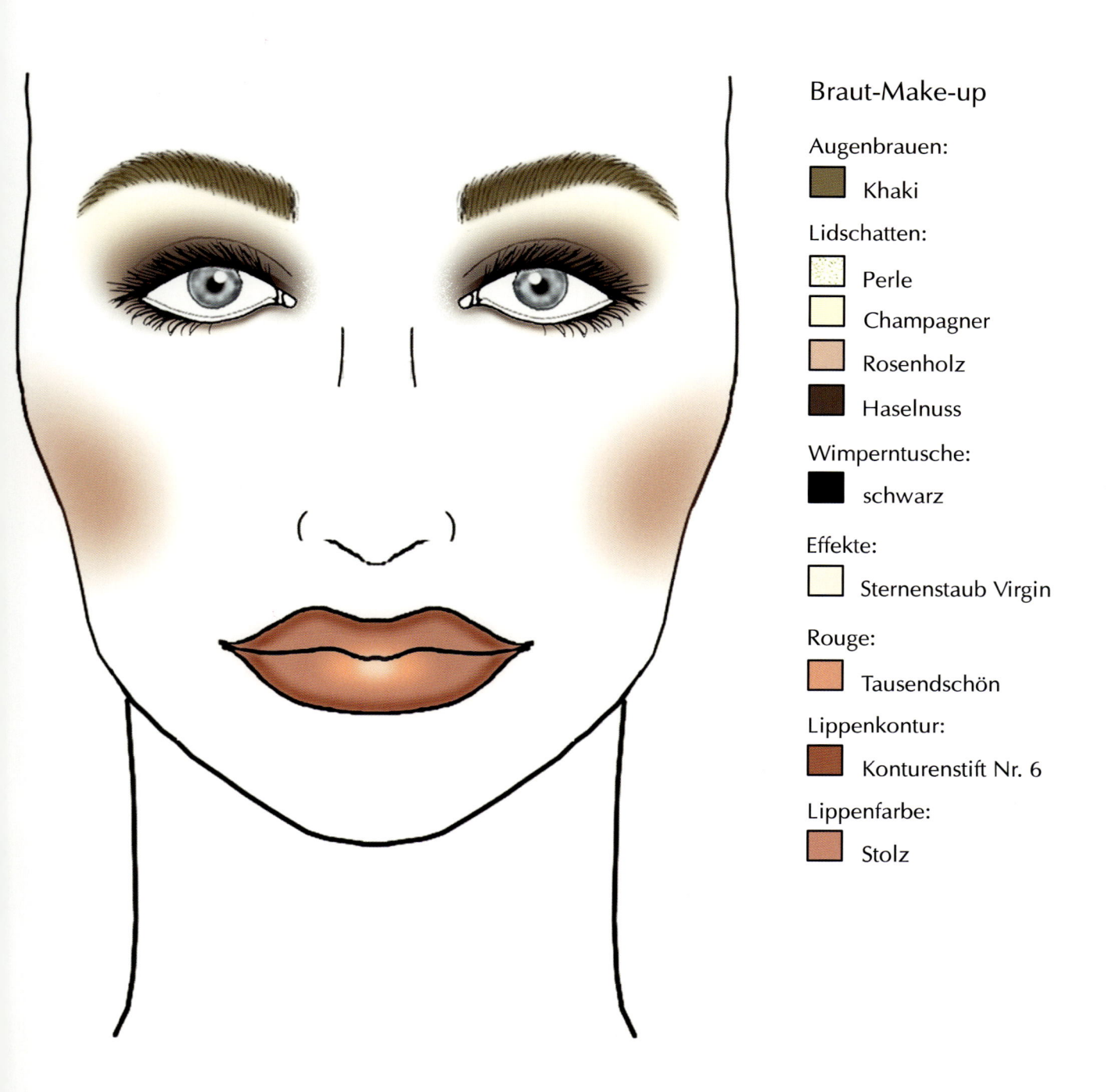

Beni Durrer Produkte für das Braut-Make-up

Studio Make-up	Nr. 10 und Nr. 3	Lippenfarbe:	„Stolz"
Gesichtspuder:	Nr. 2	Sternenstaub:	„Virgin"
Lidschattenfarben:	„Haselnuss", „Khaki",	Konturenstifte:	Nr. 6
	„Rosenholz", „Perle"	Pinsel:	1, 5, 7, 13, 15, 16,
	„Champagner"		17, 20, 30, 31, 33,
Wimpern:	Einzelwimpern		35
Eyeliner:	Nr. 15		

Brillen-Make-up

Die Brille ist zwar in erster Linie Sehhilfe, aber auch – und das ist sehr wichtig – ein modisches Accessoire. Es gibt viele unterschiedliche Modelle, Farben und Materialien, von zeitlos elegant bis flippig. Beim Brillen-Make-up muss grundsätzlich darauf geachtet werden, ob die Trägerin weit- oder kurzsichtig ist.

Viele Kundinnen sind ratlos, wenn es darum geht, sich als Brillenträgerin optimal zu schminken. Mit dem richtigen Make-up lässt sich die durch die Brille erzeugte optische Täuschung aber praktisch wegschminken.

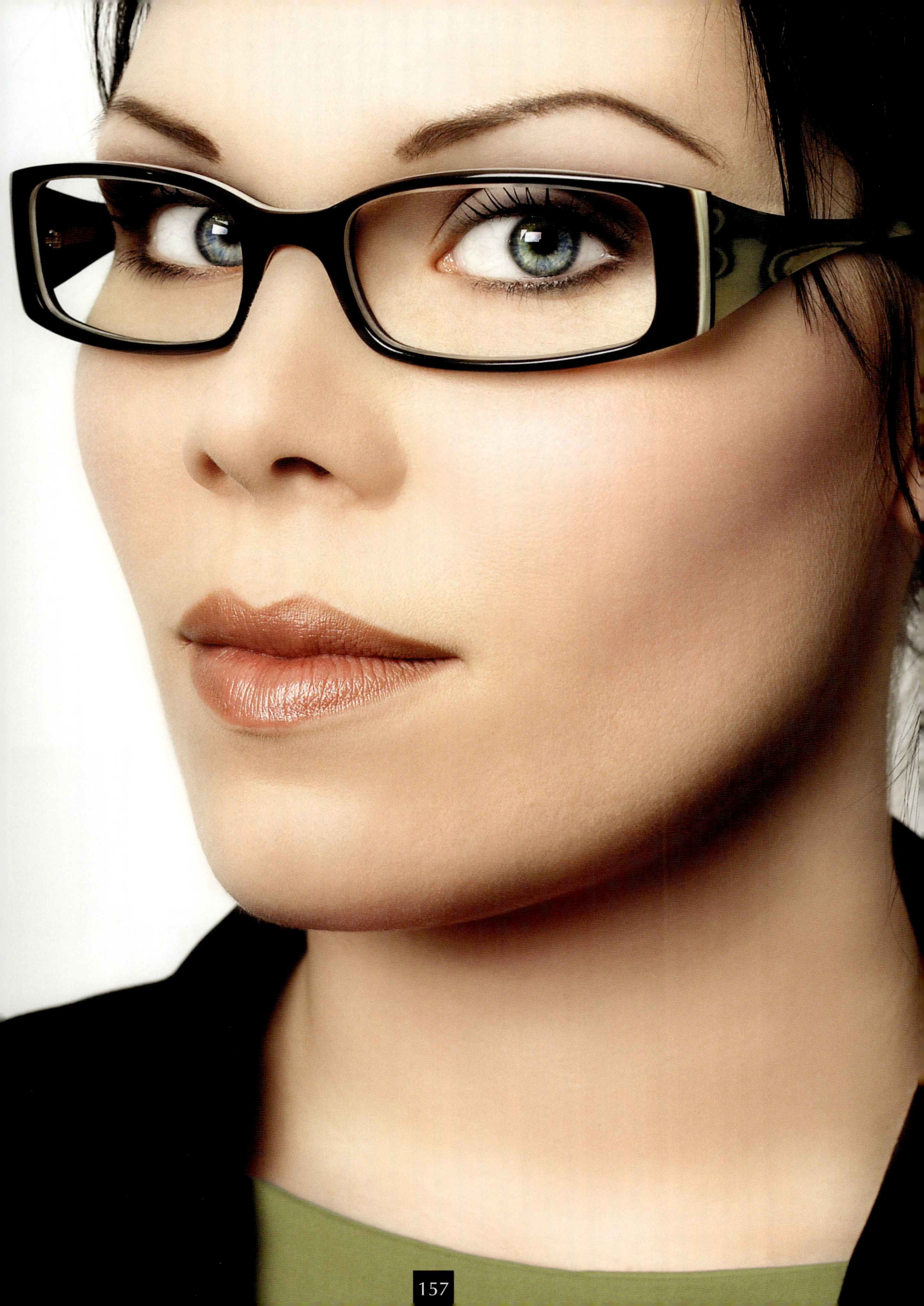

Brillen-Make-up

Brillen-Make-up bei Weitsichtigkeit

Bei Weitsicht vergrößern die Brillengläser die Augen optisch, deshalb werden hier die Augen nicht betont, sondern dezent geschminkt. Durch den Vergrößerungseffekt der Gläser fällt jede noch so kleine Unregelmäßigkeit doppelt auf; feine Linien erscheinen dann wie dicke Striche. Deshalb müssen Sie korrekt schminken und sollten nur matte Farben verwenden (kein Glanz, kein Perlmutt); eventuell müssen Sie sogar auf Mascara verzichten. Je nach Dioptrien (bei extremer Korrektur) müssen die Augen verkleinert werden!

Kurzbeschreibung eines Make-ups bei Weitsichtigkeit:

Nach einer Grundierung und dem Korrigieren der Augenbrauen färben Sie das komplette Auge großzügig mit cremefarbenem Lidschatten ein. Die Augenkontur mit einem schrägen Augenkonturierungspinsel und einem lehmfarbenen Lidschatten nachzeichnen und verblenden. Ziehen Sie die Augenkontur nicht zu weit heraus, damit das Auge nicht noch zusätzlich vergrößert wird. Nun einen haselnussbraunen Lidschatten darüber geben und weiche Übergänge schaffen. Dunkeln Sie dann die Lidfalte ebenfalls mit einem schmalen, runden Pinsel ein, aber auch hier nicht zu stark vergrößern.

Verzichten Sie in extremen Fällen auf Wimperntusche, denn die Wimpern können durch den Vergrößerungseffekt der Brillengläser wie kleine Besen aussehen. Sie können in diesem Fall die Wimpern einfach färben.

Linkes Auge (minderwertiges Glas und unvorteilhaft geschminkt): Die Gläser der Brille vergrößern das Auge sehr; das Make-up ist unvorteilhaft und viel zu stark.

Rechtes Auge (hochwertiges Glas und vorteilhaft geschminkt): Das hochbrechende Glas verzerrt das Auge weniger stark als das linke, normale Brillenglas. Die durch die Sehschärfenkorrektur hervorgerufene Veränderung ist bei hochbrechendem Glas sowohl bei Kurz- als auch bei Weitsichtigkeit weniger auffällig, die Augen kommen gut zur Geltung. Hier ist das Make-up außerdem passend gewählt: Das Auge wird kleiner geschminkt und wirkt so durch die Brille normal.

Brillen-Make-up bei Kurzsichtigkeit

Linkes Auge (minderwertiges Glas und unvorteilhaft geschminkt):
Ein normal geschminktes Auge wird durch die Brillengläser optisch verkleinert, so ist auch das Make-up kaum erkennbar. Ein herkömmliches Brillenglas (linkes Auge) verstärkt diesen Effekt, im Gegensatz zu dem rechten, höher brechenden Glas in besserer Qualität.

Rechtes Auge (hochwertiges Glas und vorteilhaft geschminkt):
Das Auge ist hier so geschminkt, dass es optisch vergrößert wird und sieht nun durch die Brillengläser normal aus.

Bei Kurzsichtigkeit erscheinen die Augen durch die Verzerrung der Brillengläser kleiner, als sie tatsächlich sind. In diesem Fall sollten die Augen je nach Dioptrien größer geschminkt und betont werden. Deshalb werden für das Make-up starke Farben verwendet (auch Perlmutt), viel Mascara und weißer oder besser natürlich aussehender cremefarbener Kajal im unteren Augeninnenlid, der ebenfalls optisch vergrößert.

Generell gilt:

Ein Brillen-Make-up für Kurzsichtige muss aufhellen und nicht eindunkeln, denn hell lässt hervor- und dunkel zurücktreten. Das heißt, wenn die Augen vergrößert werden sollen, wie in diesem Fall, müssen sie aufgehellt werden. Farbe und Form der Brille sollten beim Brillen-Make-up berücksichtigt werden, vor allem auch die Augenbrauen!

Kurzbeschreibung eines Make-ups bei Kurzsichtigkeit:

Brillenträgerinnen mit Kurzsichtigkeit können kräftig geschminkt werden, weil die Brille den Farbeindruck mildert. Zuerst die Augenkonturen mit einem dunklen Konturenstift nachziehen und verblenden. Dann hellen Lidschatten, z.B. in einem Vanilleton, auf das bewegliche Lid auftragen. Anschließend die Lidfalte mit einem runden Pinsel eindunkeln und nach außen ausschattieren. Schattieren Sie unbedingt auch die untere Augenkontur nach unten aus, denn das Auge soll auch in diese Richtung vergrößert werden. Kräftig getuschte Wimpern lassen die Augen strahlen und optisch größer wirken.

Laufsteg-Make-up

Ein Make-up für den Laufsteg kreieren, heißt die Vision des Designers umsetzen – in kürzester Zeit!

Generell muss bei Make-up, das auf große Distanz betrachtet wird, wie auf Laufsteg oder Bühne, mit stärkeren Farben gearbeitet und „übertrieben" geschminkt werden. In der Regel werden bei einer Modenshow mit mehreren Durchgängen alle Models gleich geschminkt. Die Grundierung des klassischen Laufsteg-Make-ups muss ebenmäßig sein, die Augen werden sehr stark konturiert und dramatisch mit kräftigen Farben betont. Zusätzlich werden kräftige Eyelinerlinien gezeichnet und viel Mascara oder sogar falsche Wimpern verwendet. Lippen in kräftigem Rot sehen auf dem Laufsteg oder der Bühne sehr gut aus, sind aber kein Muss.

Fast jeder Modedesigner hat seine eigene Vorstellung, wie die Modelle aussehen sollen. Achten Sie beim Look darauf, dass sich die Vision des Designers widerspiegelt und das Make-up zur Kollektion passt. Hier sind zum Teil die Übergänge zum Fantasie-Make-up fließend! Denken Sie wie beim Braut-Make-up daran, ein Probe-Make-up und ein Facechart zu erstellen, denn das erleichtert Ihnen die Arbeit bei der eigentlichen Modenshow und aufkommender Hektik sehr!

Bei einem Probedurchlauf der Models wird auch das Make-up noch einmal überprüft und möglicherweise müssen die Gesichtskonturen verstärkt werden. Achten Sie während der Show darauf, die Models eventuell abzutupfen bzw. nachzupudern, so dass kein unschöner Glanz entsteht.

Ganz wichtig bei einem Laufsteg-Make-up ist der Zeitfaktor. Ein Laufsteg-Make-up sollte nicht länger als 20 Minuten dauern, inklusive Wimpern kleben!

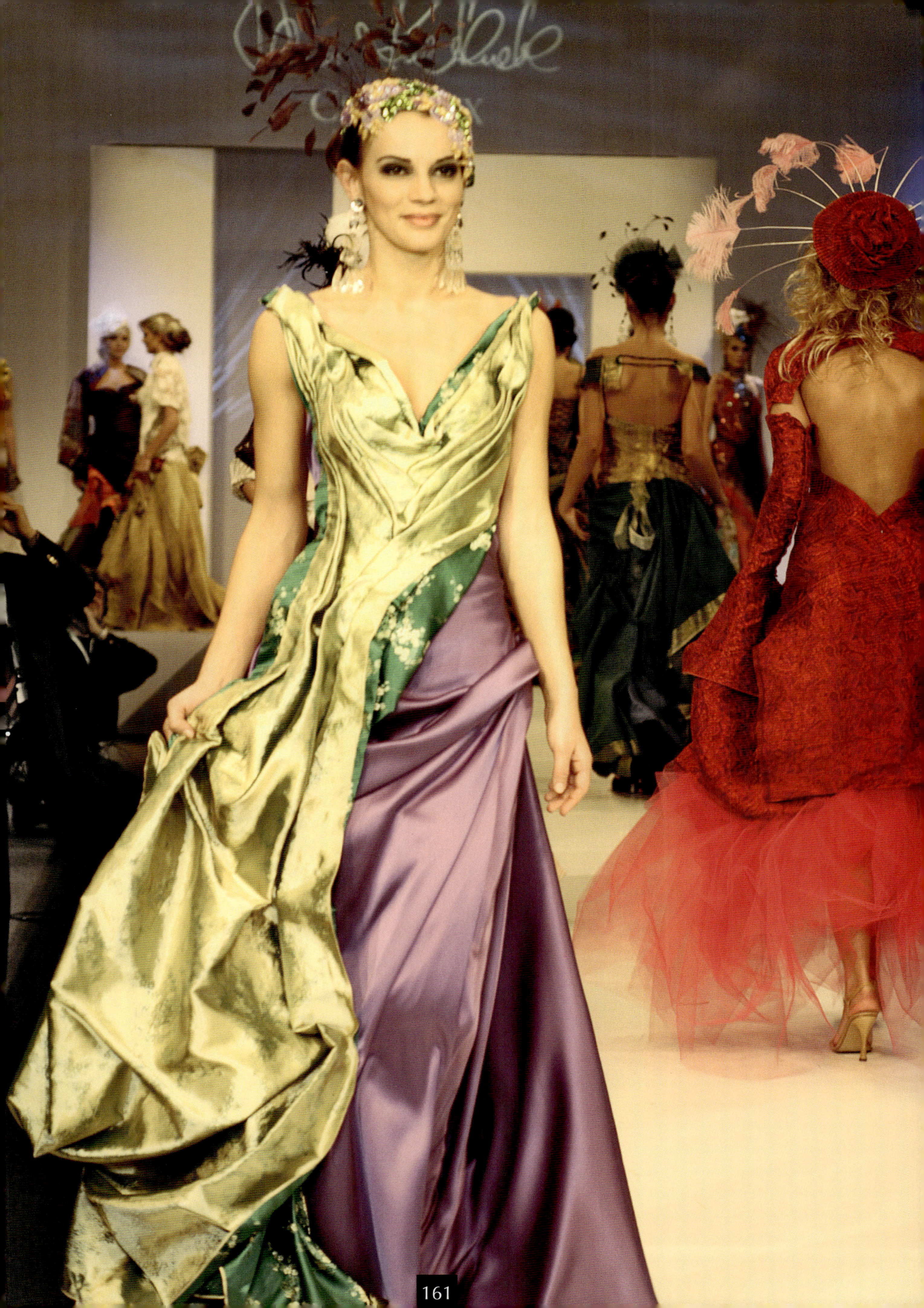

Best-Age-Make-up

„Je älter die Frau, desto weniger Make-up sollte sie tragen." Diese Regel gilt heute definitiv nicht mehr. Zwar hat das Leben mittlerweile Spuren im Gesicht hinterlassen – Fältchen, Augenringe, Pigmentflecken – aber das heißt nicht, dass das Make-up nicht kräftig sein darf!

Frauen möchten sich auch in höherem Alter attraktiv und gepflegt fühlen. Beim Best-Age-Make-up gilt: Gehen Sie individuell auf Ihre Kundin und deren Typ, ihre Wünsche und Bedürfnisse ein! Auch ältere Damen können durchaus ausdrucksstarkes Make-up tragen – immer vorausgesetzt es passt zum Typ!

Ein typgerechtes Make-up für eine lebensfrohe Dame.

Best-Age-Make-up

1. Ungeschminkt:
Ungeschminkt wirken ältere Damen oft noch älter, als sie sind. Make-up kann Frische ins Gesicht zaubern; vorausgesetzt die innere Einstellung stimmt. Tabu sollten allerdings Glanztöne sein, denn die betonen die Falten; es sei denn sie werden als Highlight z.B. unter der Augenbraue appliziert.

2. Grundierung:
Tragen Sie mit einem Pinsel flüssige Grundierung kreisrund auf und massieren diese mit dem Pinsel ein.

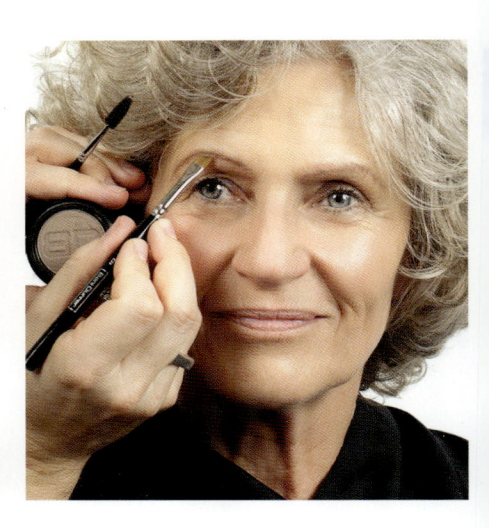

3. Augenbrauen:
Die Augenbrauen mit einer natürlichen Lidschattenfarbe nachzeichnen, anschließend so lange ausbürsten, bis die Brauen natürlich aussehen.

4. Augenkontur:
Die Augenkontur mit einem dunkelblauen, matten Lidschatten nachzeichnen.
Achtung: Keine Glanzfarben verwenden! Die Augenfältchen könnten dadurch noch mehr betont werden!

5. Lidschatten dunkel:
Mit einem Pinsel in Pferdehufform den dunkelblauen Farbton nun auf das ganze bewegliche Lid auftragen und über die Lidfalte hinaus ausblenden. Achten Sie dabei aber auf die Augenform!

6. Lidschatten mittel:
Nun tupfen Sie mit einem mittelblauen Lidschatten in der gleichen Farbharmonie und zu dem Dunkelblau passend über den dunklen Farbton. Verwenden Sie hierzu wieder den Pinsel in Pferdehufform.

7. Kontur:
Mit dem mittleren Blauton soften Sie die Kontur unter dem Auge aus. Verwenden Sie hierzu einen runden Pinsel.

8. Lidschatten hell:
Mit einem Fehhaarpinsel eine hellbeige Lidschattenfarbe unter die Augenbraue auftragen und mit dem Pinsel noch einmal um das ganze Auge herumfahren. So werden die Übergänge noch weicher und eventuell herabgefallene, dunkle Farbpigmente werden weggewischt.

9. Wimpern:
Nun die Wimpern kräftig tuschen – oben und unten. Sollten unten nicht genügend Härchen vorhanden sein, tuschen Sie bitte nur oben.

10. Lippenkontur:
Die Lippenkontur nachzeichnen, bei schmalen Lippen mit einem hellen Konturenstift, hier darf es etwas dunkler sein.

11. Lippenfarbe:
Die Lippenfarbe in einem kalten Rotton mit einem Hauch Altrosa und metallischem Glanz wird mit dem Lippenpinsel aufgetragen – von der Lippenmitte zum Rand hin auslaufend.
Achtung: Verwenden Sie nicht zu glossige Farben, denn die könnten sonst in die Fältchen laufen.

12. Rouge:
Im letzten Schritt tragen Sie mit dem Rougepinsel ein zur Lippenfarbe passendes Rouge auf. Beginnen Sie kreisrund auf dem höchsten Punkt der Wangen und lassen es nach hinten auslaufen. Viele ältere Damen bevorzugen Cremerouge. Achten Sie dann bitte darauf, dass es gut und gleichmäßig eingearbeitet wird.

Best-Age-Make-up

Best-Age-Make-up

Augenbrauen:
- Khaki

Lidschatten:
- Champagner
- Delphin
- FSFM

Wimperntusche:
- schwarz

Rouge:
- Sexy

Lippenkontur:
- Konturenstift Nr. 12

Lippenfarbe:
- Zicke

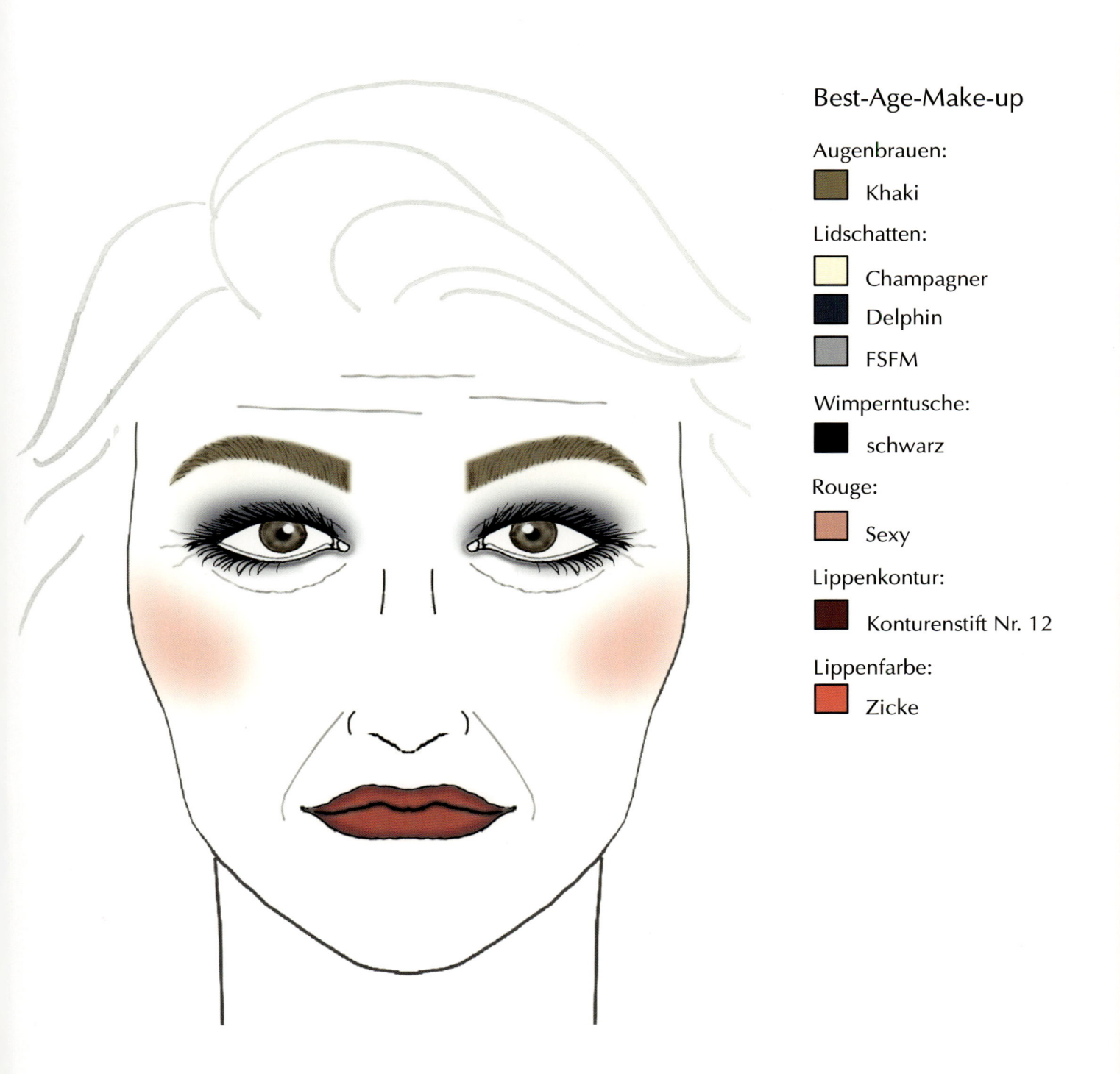

Beni Durrer Produkte für das Best-Age-Make-up

HDTV-Make-up		Konturenstift:	Nr. 12
Lidschattenfarben:	„Champagner",	Lippenfarbe:	„Zicke"
	„Delfin", „FSFM"	Lippenlack:	transparent
	„Sexy", „Khaki"	Pinsel:	3, 9, 13, 15, 35, 42
Wimperntusche:	schwarz		

Foto-Make-up

Für ein Foto-Make-up muss sehr exakt und mit stark pigmentierten Farben gearbeitet werden, denn auf dem Foto erkennt man später jede noch so kleine Unregelmäßigkeit. Kleinste Patzer würden das Ergebnis verderben.

Für ein farbiges Foto-Make-up sollten Sie Make-ups verwenden, die lichtecht sind, damit das Make-up nicht durch das Blitzlicht der Kamera reflektiert wird. Die Grundierung muss auf die Aussage des Fotos angelehnt sein, eventuell können Sie sogar Camouflage-Make-up verwenden. Arbeiten Sie exakt und sehr fein. Schaffen Sie unbedingt weiche Übergänge und schminken Sie die Ohren mit, denn die wirken auf farbigen Fotos oft rot! Probebilder können auf dem Bildschirm auf Symmetrien, Farbverläufe und Farbintensitäten kontrolliert werden.

Foto-Make-up farbig „BunnyBell"

Dieses Foto-Make-up inszeniert Weiblichkeit und setzt sie mit kühner Frechheit erotisch ins Bild. Es zeigt sehr deutlich, wie wichtig es für ein optimales Ergebnis ist, mit stark pigmentierten Farben und exakt zu arbeiten. Das Model Cany Bell wird hier zu einem BunnyBell der Extraklasse.

Das passende Outfit macht das Foto-Make-up perfekt – weiblich, frech, sexy!

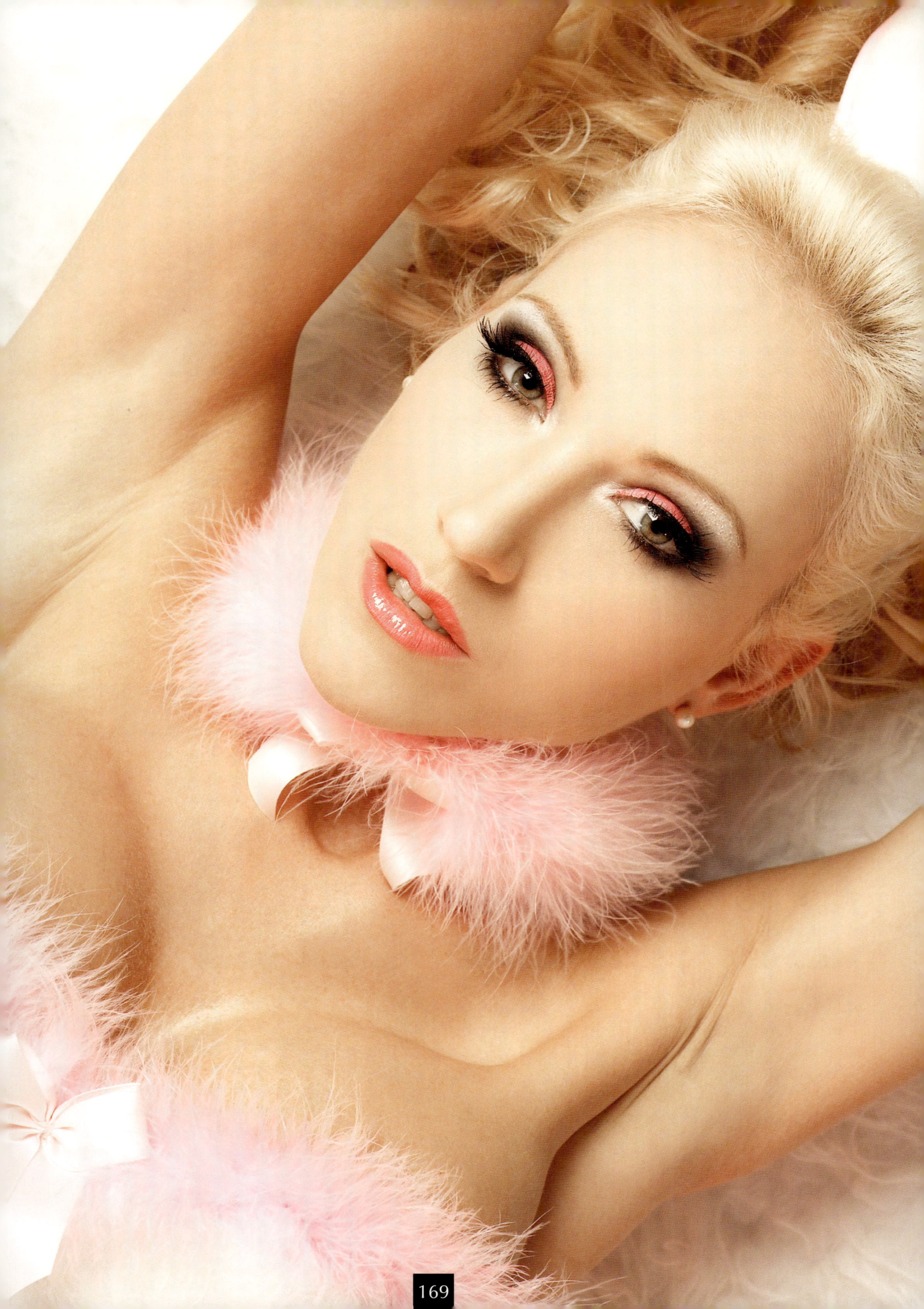

Foto-Make-up

1. Grundierung:
Tragen Sie im ersten Schritt mit einem Grundierungspinsel ein der Gesichtsfarbe entsprechendes, stark deckendes Make-up auf. Die Partie unter den Augen wird dabei zunächst ausgespart.

2. Concealer:
Applizieren Sie unter den Augen ein um zwei Nuancen helleres Make-up. Vermischt man das Make-up mit etwas Augen-Creme, ist es nicht nur weicher und lässt sich leichter auftragen; es pflegt zusätzlich die empfindliche Augenpartie.

3. Augenbrauen:
Die Augenbrauen immer mit einer der natürlichen Brauenfarbe entsprechenden Farbe nachzeichnen. Hier wird ein heller schlammfarbener Lidschatten mit einem abgeschrägten Augenkonturenpinsel auf die Brauen gegeben. Anschließend die Brauen in Form bürsten.

4. Augenkontur:
Die Augenkonturen mit einem weichen, schwarzen Konturenstift nachzeichnen und anschließend mit einem Weichzeichner ausblenden, um den Linien die Härte zu nehmen.

5. Lidfalte:
Um dem Foto-Make-up mehr Tiefe und Ausdruck zu verleihen, wird die Lidfalte bei geöffnetem Auge mit einem ebenfalls schwarzen Konturenstift nachgezeichnet. Anschließend diese mit dem Weichzeichner nach außen bzw. in Richtung Braue verblenden.

6. Eyeliner:
Färben Sie das ganze bewegliche Lid mit einem pinkfarbenen, flüssigen Eyeliner ein. Dies verleiht dem Look Extravaganz.

7. Lidschatten:
Um das Auge schimmernder erscheinen zu lassen, weißen, irisierenden Lidschatten mit einem runden Japanpinsel unter den Augenbrauen auftragen.

8. Augeninnenwinkel:
Hellen Sie auch die Augeninnenwinkel mit der weißen Lidschattenfarbe auf, das öffnet das Auge optisch.

9. Augenkontur unten:
Mit einem abgeschrägten Augenkonturenpinsel zeichnen Sie im nächsten Schritt die Konturen am unteren Augenrand mit einem schwarzen Lidschatten nach und blenden sie nach unten aus.

10. Augenaußenwinkel:
Um den Augen Dramatik zu verleihen, auch den Außenwinkel des beweglichen Lids mit der schwarzen Lidschattenfarbe eindunkeln. Für einen kompakten und deckenden Auftrag, arbeiten Sie die Farbe am besten mit einem Schaumstoffapplikator tupfend auf.

11. Lidfalte:
Ein runder, fester Lidfaltenpinsel ist ideal, um die Lidfalte bei geöffnetem Auge einzudunkeln. Verwenden Sie hier ebenfalls den schwarzen Lidschatten. Zur Braue hin auslaufen lassen.

12. Augeninnenlid:
Mit einem schwarzen Konturenstift das Augeninnenlid, das so genannte „Treppchen", einfärben.

Foto-Make-up

13. Wimperntusche:
Nun die Wimpern sowohl oben als auch unten stark eintuschen.

14. Einzelwimpern:
Anschließend Einzelwimpern in vier verschiedenen Längen auf den eigenen Wimpernansatz kleben. Beginnen Sie dabei am Außenwinkel des Auges mit den längsten Wimpern, zum Augeninnenwinkel hin dann die künstlichen Wimpern immer kürzer werden lassen.

15. Eyeliner schwarz:
Schwarzen Eyeliner am oberen Wimpernkranz auftragen, am Innenwinkel ganz fein und schmal, zum Außenwinkel hin deutlich breiter werdend.

16. Highlight setzen:
Tragen Sie eine glänzend weiße Lippenfarbe mit einem Lippenpinsel unter der Augenbraue dünn auf.

17. Glitter auftragen:
Die aufgetupfte Lippenfarbe dient nun als Träger für weißen Glitter, der optimal auf der Farbe unter der Braue haftet und für einen glamourösen Effekt sorgt. Achten Sie darauf, dass das Model die Augen geschlossen hält, während Sie den Glitter auftragen. Es könnte sonst Glitter in das Auge gelangen und es reizen.

18. Lippenkontur:
Zeichnen Sie die Lippenkontur mit einem pinkfarbenen Konturenstift nach und verblenden Sie die Farbe auch nach innen.

19. Lippenfarbe I:
Mit einem Lippenpinsel nun Lippenfarbe in Pink applizieren und zum Rand hin auslaufend verblenden.

20. Lippenfarbe II:
Als Highlight eine weiße Lippenfarbe vorn in der Mitte der Lippen vorsichtig mit einem Lippenpinsel auftragen.

21. Lippenlack:
Für verführerisch schimmernde Lippen abschließend transparenten Lippenlack großzügig auf die Lippen applizieren.

22. Cremerouge:
Als Cremerouge eine rosafarbene Lippenfarbe mit den Fingern vorsichtig, kreisrund auf dem höchsten Punkt der Wangen einarbeiten. Das verleiht dem Gesicht auf dem Foto Frische. Erst jetzt und als letzten Arbeitsschritt fixieren und mattieren Sie das fertige Make-up mit Gesichtspuder.

Foto-Make-up

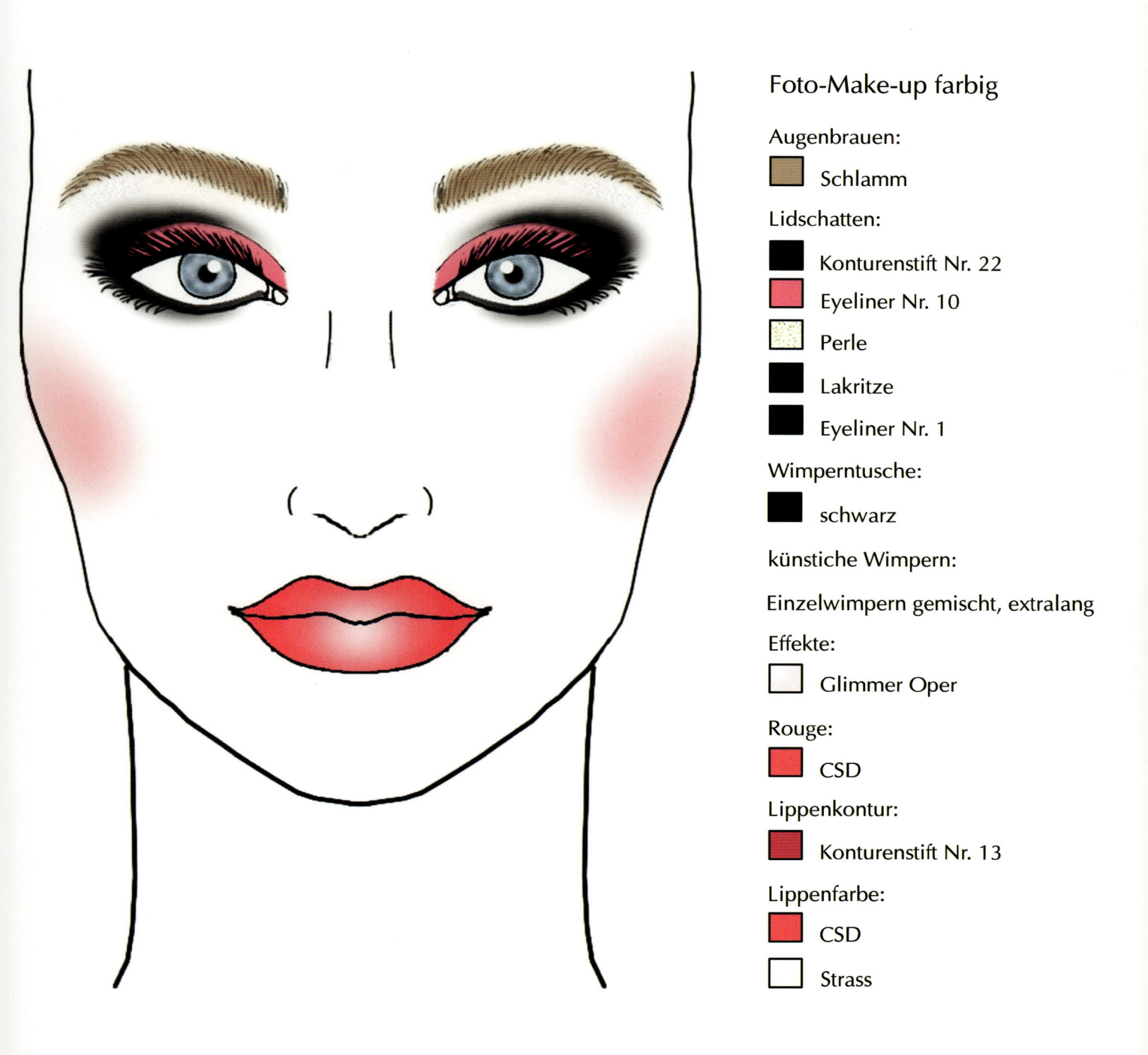

Foto-Make-up farbig

Augenbrauen:
- ☐ Schlamm

Lidschatten:
- ☐ Konturenstift Nr. 22
- ☐ Eyeliner Nr. 10
- ☐ Perle
- ☐ Lakritze
- ☐ Eyeliner Nr. 1

Wimperntusche:
- ☐ schwarz

künstiche Wimpern:

Einzelwimpern gemischt, extralang

Effekte:
- ☐ Glimmer Oper

Rouge:
- ☐ CSD

Lippenkontur:
- ☐ Konturenstift Nr. 13

Lippenfarbe:
- ☐ CSD
- ☐ Strass

Beni Durrer Produkte für das Foto-Make-up farbig

Make-up:	Studio-Make-up Nr. 8	Eyeliner:	Nr. 1, Nr. 10
		Wimperntusche:	schwarz
Lidschattenfarben:	„Schlamm", „Lakritze", „Perle"	Einzelwimpern:	gemischt, extralang
Lippenfarben:	Strass, CSD	Effekte:	„Glimmer", „Oper"
Lippenlack:	transparent	Pinsel:	1, 7, 8, 9, 11, 12, 13, 20, 30, 31, 32, 37
Konturenstifte:	13, 22		

Foto-Make-up

Foto-Make-up schwarzweiß

Für das Foto-Make-up in Schwarzweiß gelten die gleichen Grundsätze wie für das farbige Foto-Make-up. Ein Foto ist eine Momentaufnahme, nichts kann mehr korrigiert werden. Deshalb darf das Make-up auch hier keine Unregelmäßigkeiten enthalten – es muss exakt gearbeitet werden. Auf den Fotos dürfen weder Pickel noch Rötungen zu sehen sein. Durch die starke Beleuchtung wird viel Farbe „geschluckt". Wählen Sie deshalb kräftige Töne. Da das Make-up durch das Blitzlicht der Kamera reflektiert wird, wirken viele Menschen auf Fotos oft blass. Um dies zu verhindern, sollten Sie spezielle lichtechte Make-ups verwenden.

Bei Schwarzweißfotos gilt, dass alle kalten Farben mit Blauanteilen auf dem Foto fast schwarz wirken; warme Farben mit Gelbanteilen im mittleren bis hellen Bereich sieht man dagegen auf den Bildern gar nicht.

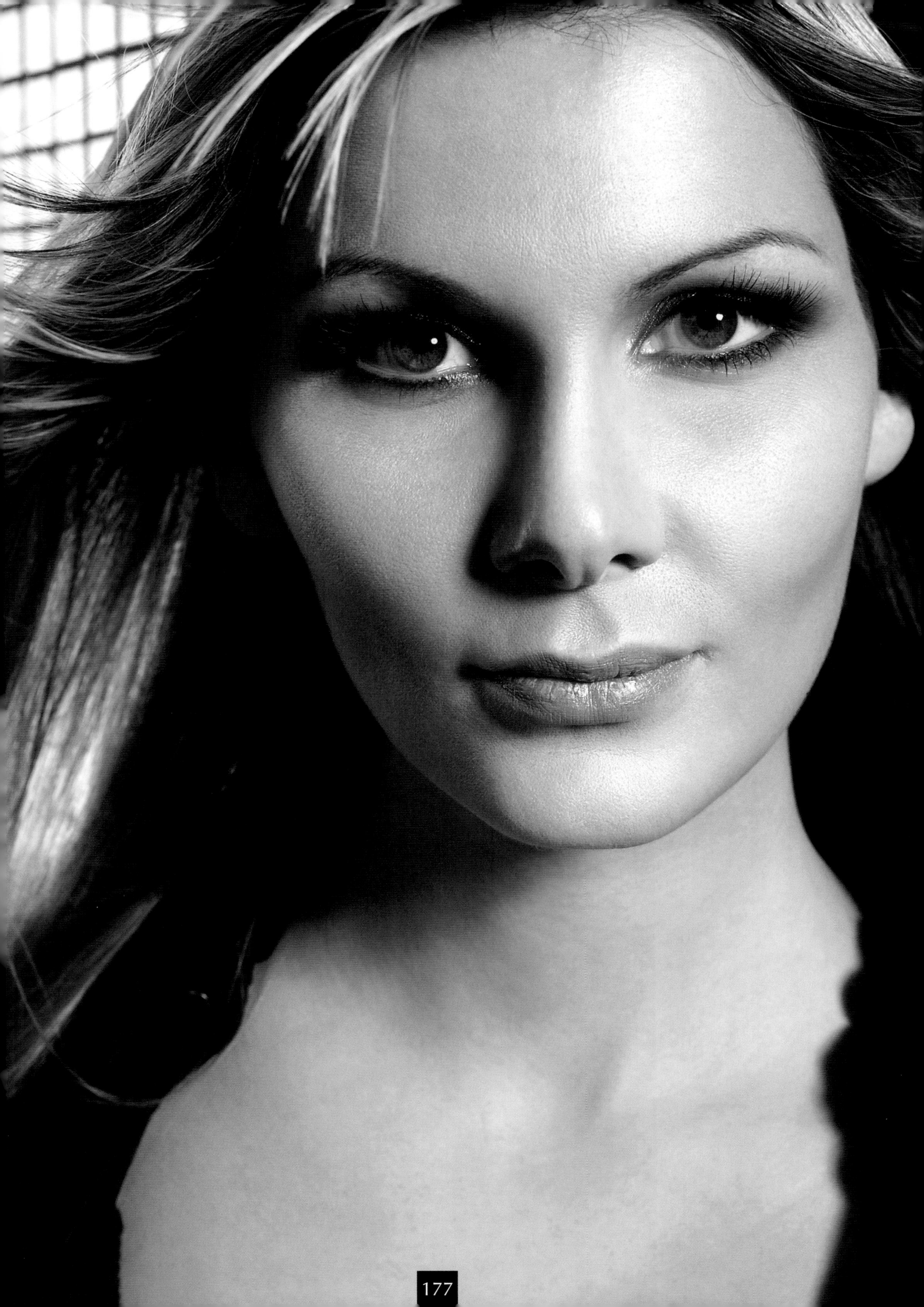

Herren-Make-up

Make-up für Männer ist längst nicht mehr nur Schauspielern und Models vorbehalten. So werden Manager bei großen Ansprachen (Gesicht auf Großleinwand) ebenso geschminkt wie Politiker oder Moderatoren im Fernsehen.

Make-up nimmt unschönen Glanz und lässt frisch und gepflegt aussehen – und das haben längst auch Männer für sich entdeckt.

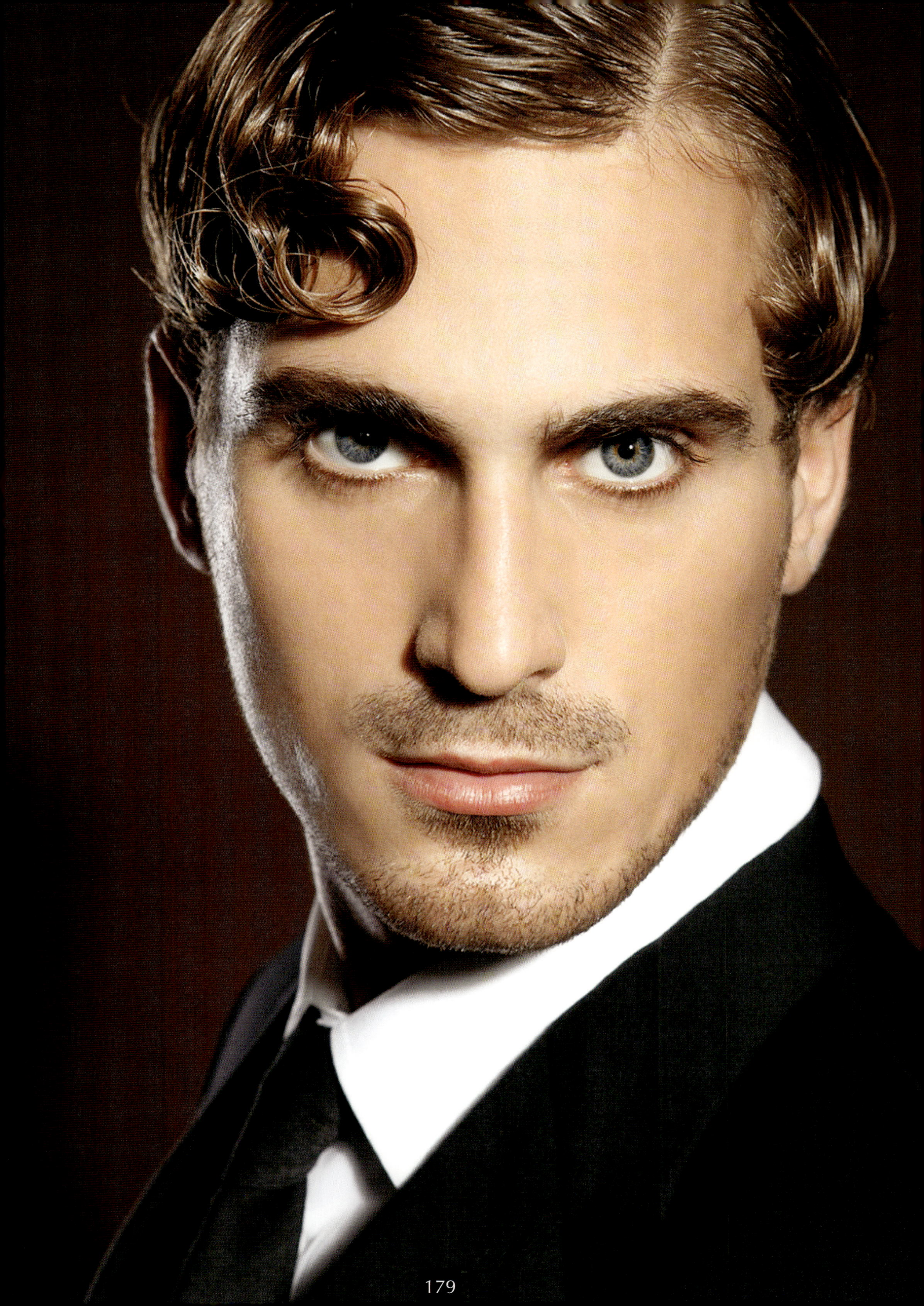

Herren-Make-up

1. Grundierung:
Verwenden Sie bei Männern für die Grundierung kein Make-up-Schwämmchen, denn der Bartwuchs würde es kaputtmachen und die Krümel würden sich in den Bartstoppeln verfangen. Deshalb das Make-up mit einem Pinsel und nur dort, wo es gebraucht wird, auftragen – auf Wangen, Stirn, Nasenrücken.

2. Concealer:
Wählen Sie für die Partie unter den Augen eine etwas hellere Nuance und tragen Sie diese mit einem feinen Concealerpinsel auf, damit wirken die Augen frischer. Für Fotoshootings wird das Gesicht, vor allem die Stirn, etwas abgepudert, ansonsten kann auf Puder verzichtet werden.

3. Augenbrauen:
Die Augenbrauen mit einer Augenbrauenbürste in Form bürsten. Sollten die Brauen einige Lücken aufweisen, werden sie mit Lidschattenfarbe und einem Augenkonturenpinsel aufgefüllt. Die Farbe sollte immer der natürlichen Haarfarbe entsprechen, auf keinen Fall aber dunkler sein.

4. Augenkontur:
Zeichnen Sie den unteren Wimpernkranz mit einem haselnussbraunen Lidschatten mit Hilfe des Augenkonturenpinsels nach. Dabei darf der Strich nicht in die Mandelform übergehen, der Schwerpunkt sollte vorne in der Mitte direkt unter der Pupille sein. Den Strich dann nach unten sanft verblenden.

5. Lidschatten:
Um dem Auge Tiefe zu verleihen, unterhalb des Augenbrauenansatzes innen mit einem schrägen Augenschattierungspinsel dunkelbraunen Lidschatten auftragen. Bei langen Wimpern auf Wimperntusche verzichten. Bei zu hellen Wimpern Tusche sehr sparsam auftragen und gut ausbürsten oder Wimpern färben.

6. Rouge:
Damit das Gesicht lebendiger wirkt, können Sie die Wangen etwas einfärben. Wählen Sie z.B. einen dezent orange-braunen Ton und tragen Sie diesen mit einem Rougepinsel auf.

Bart: Nach Wunsch können Sie den Bart mit einem großen Bartkonturenpinsel und einer dem Haaransatz entsprechenden Lidschattenfarbe nachzeichnen.

Herren-Make-up

Herren-Make-up

unterer Wimpernkranz:

■ Haselnuss

Nasenwurzel:

■ Espresso

Rouge:

■ Terrakotta

Bartkontur:

■ Haselnuss

Beni Durrer Produkte für das Herren-Make-up

Make-up:	HDTV	Wimperntusche:	schwarz
Puder:	Nr. 2	Pinsel:	3, 7, 9, 16, 31, 38, 42
Lidschatten-farben:	„Espresso", „Haselnuss", „Terrakotta"		

Trend-Make-up I

Nicht nur der Star macht den Trend, die Looks von morgen werden vor allem von Stylisten, Visagisten und Friseuren kreiert. Ein Trend-Make-up ist dabei eigentlich ein ganz „normales" Make-up, nur einen Hauch ungewöhnlicher und glamouröser.

Für einen extravaganten Effekt kann beim Trend-Make-up der Eyeliner z.B. anstatt nach aussen, zur Nasenwurzel hin gezogen werden oder der Lidschatten fließt in einem zarten Ton nach unten in das Rouge ein. Sie können auch flippige Wimpern mit kleinen Federchen oder Strasssteinchen applizieren. Vielleicht ist auch die Farbzusammenstellung so extravagant und verrückt, dass das Gesamtbild dennoch trendy und vor allem harmonisch wirkt. Egal wie, das Make-up sollte noch tragbar und der Schritt zum Fantasie-Make-up klar erkennbar sein.

Trend-Make-up „Romy"

Dieses Trend-Make-up ist frisch und strahlend. Farbpigmente in einem warmen Beerenton setzen aufregende Akzente und heben das Grün der Augen magisch hervor. Glitzer am Augenlid verleiht den Augen verführerischen Glanz. Eine der verwendeten Farben, die Lippenfarbe „Romy", ist Namensgeberin des Looks.

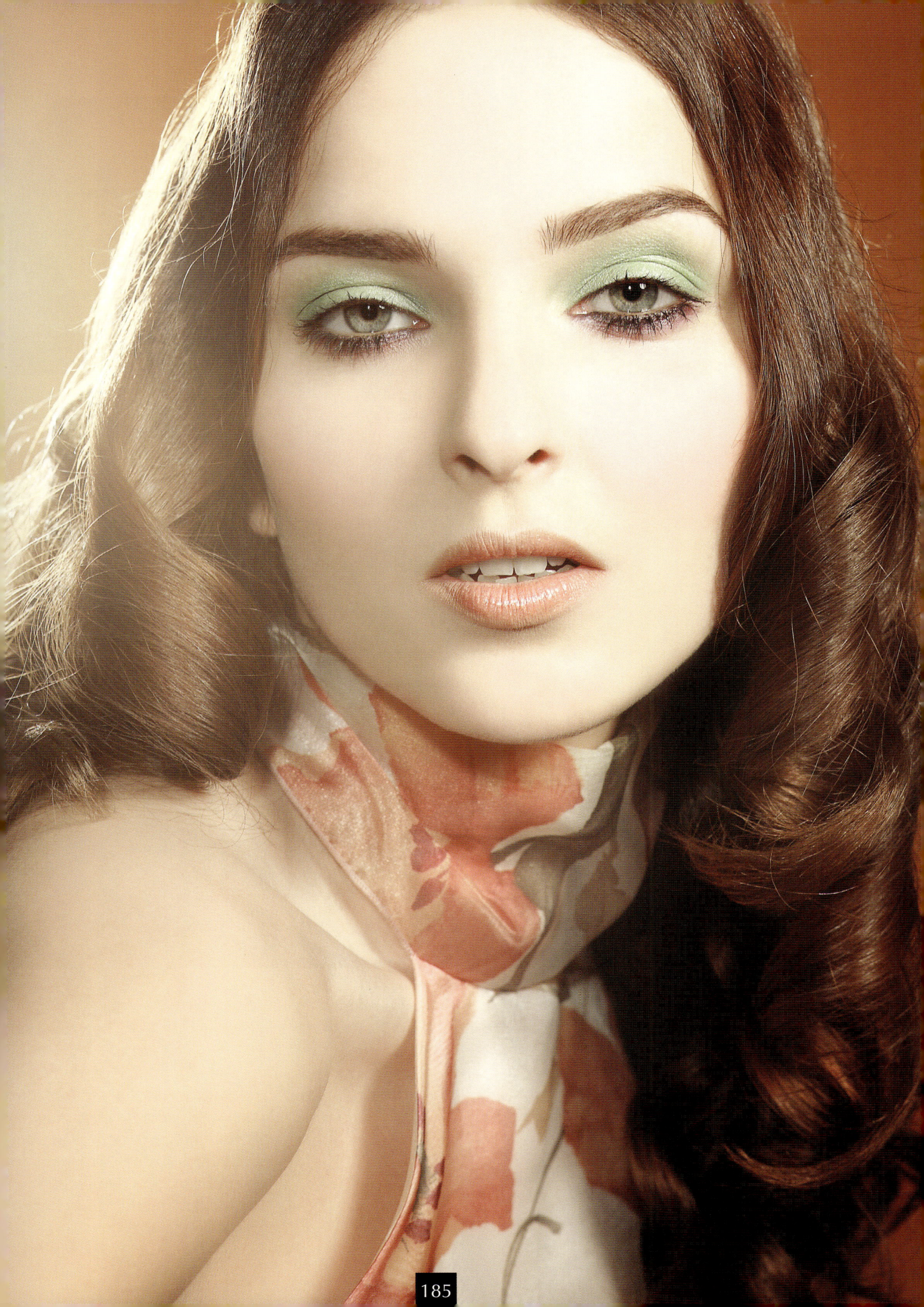

Trend-Make-up

1. Grundierung:
Da selbst der hellste gelbe Make-up-Ton hier noch zu dunkel und auch zu gelb ist, wird eine Farbe für die Grundierung angemischt. Tragen Sie das Make-up von der Gesichtsmitte zum Rand hin auslaufend mit kreisenden Bewegungen auf. Hier wird mit einem flüssigen und stark pigmentierten Make-up gearbeitet.

2. Geschlossene Augen:
Damit der Lidschatten gut haftet, grundieren Sie mit einem schmalen Concealerpinsel auch die Partie unter den Augen und zwischen dem Wimpernkranz und den Augenbrauen. Je nach Belieben können Sie bei diesem Look Puder verwenden und das Gesicht mattieren oder aber Sie verzichten darauf und ein leichter Glanzeffekt entsteht.

3. Brauen:
Bürsten Sie die Augenbrauen mit einem Augenbrauenbürstchen nach unten und zeichnen Sie diese danach mit einem abgeschrägten Augenkonturenpinsel an der oberen Kante nach. Verwenden Sie dafür eine Lidschattenfarbe, die der Farbe des Haaransatzes entspricht, hier wird ein dunkler Braunton verwendet.

4. Konturenstift:
Mit einem schwarzen Konturenstift zunächst unter dem Auge einen kleinen Halbmond zeichnen, anschließend auch das Augeninnenlid einfärben. Das verleiht dem Auge mehr Tiefe und Ausdruck. Der tiefste Punkt wird bei diesem Look unter der Pupille angesetzt.

5. Konturenstift verblenden:
Damit die Kontur nicht zu hart aussieht, verblenden Sie sie mit einem kleinen Einblendpinsel und soften die Kontur nach unten aus.

6. Lidschatten:
Tupfen Sie auf dem beweglichen Augenlid einen frischen Grünton mit einem Pinsel in Pferdehufform in der Mitte auf. Nun den Ton zum Augeninnenwinkel, zum Augenaußenwinkel und zur Lidfalte hin ausblenden. Glanzlidschatten in Pulverform über dem Grünton verleiht dem matten Lidschatten einen tollen Glanzeffekt.

7. Sternenstaub:
Unter dem Auge tragen Sie als Gegensatz zu den grünen Augen mit einem kleinen Einblendpinsel lose Glanzpigmente in einem Beerenton auf den vorher gezeichneten Halbmond auf und verblenden diesen nach unten.

8. Wimperntusche:
Tuschen Sie die Wimpern oben und unten kräftig in Schwarz, am unteren Wimpernkranz die Wimperntusche vor allem in der Mitte kräftig auftragen.

9. Wimpern:
In diesem Schritt kleine Einzelwimpernbüschel in die Mitte der unteren Wimpern kleben – eine in mittlerer Länge in der Mitte und unter den Pupillen und links und rechts daneben jeweils eine kurze. Mit diesen zusätzlichen Wimpern wird das Auge zum Hingucker.

10. Lippenkontur:
Mit einem hellbraunen Konturenstift die Lippenform nachzeichnen und bei Bedarf noch etwas korrigieren, von den Mundwinkeln nach innen ausmalen und verblenden.

11. Lippenfarbe:
Tragen Sie Lippenfarbe in einem Braun-Orangeton mit einem Lippenpinsel auf die Mitte der Lippen auf und geben Sie transparenten Lippenlack darüber.

12. Rouge:
Mit einem kleinen Puderpinsel ein Rouge passend zur Lippenfarbe kreisrund auf die Wangen auftragen und die Farbe zu den Schläfen hin auslaufen lassen. Das verleiht dem Look Frische. Achten Sie darauf, dass das Model dabei lächelt, so erkennen Sie genau, wo das Rouge aufgetragen werden muss.

Trend-Make-up

Trend-Make-up

Augenbrauen:

■ Kaffeebohne

Lidschatten:

■ Konturenstift Nr. 22
■ Minze

Effekte:

■ Sternenstaub Triton
■ Sternenstaub Oberon

Wimperntusche:

■ schwarz

künstliche Wimpern:

Einzelwimpern kurz, mittel

Rouge:

■ Lachs

Lippenkontur:

■ Konturenstift Nr. 2

Lippenfarbe:

■ Romy

Lippenlack:

□ transparent

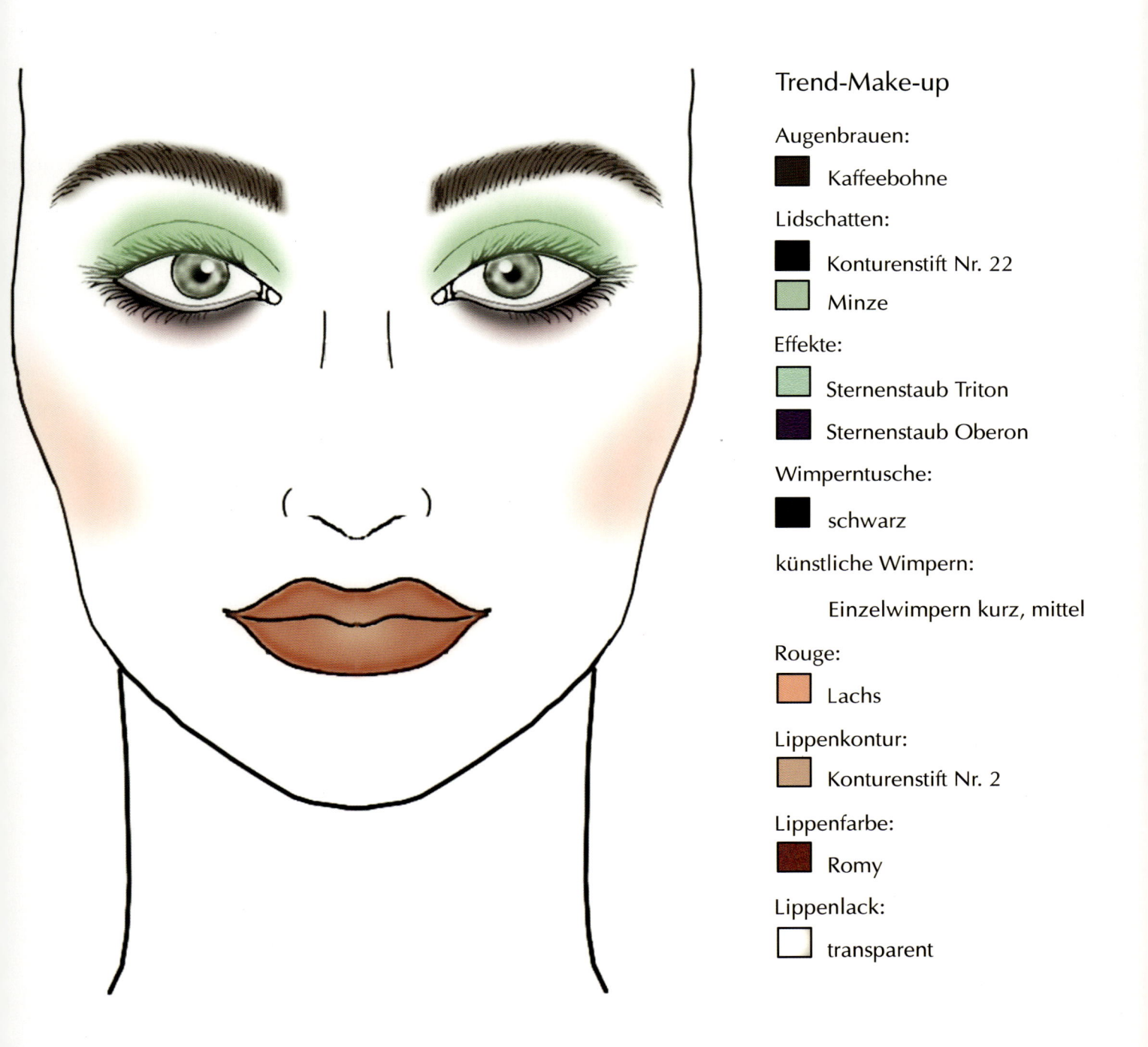

Beni Durrer Produkte für das Trend-Make-up „Romy"

HDTV-Make-up:	Nr. 210 und 400	Konturenstifte:	Nr. 2, Nr. 22
Puder:	Nr. 2	Sternenstaub:	„Oberon", „Triton"
Lidschattenfarben:	„Kaffeebohne", „Minze", „Lachs"	Lippenfarbe:	„Romy"
		Lippenlack:	transparent
Wimperntusche:	schwarz	Pinsel:	1, 5, 7, 9, 20, 21, 31, 35, 37, 42
Wimpern:	Einzelwimpern kurz und mittel		

Trend-Make-up II

Der Look Cocorange, ein Wortspiel aus „Coco", dem Namen der Wimpernperücke, und dem leuchtenden Orange, setzt einen Farbakzent und wirkt extravagant bis exzentrisch – ein extremes Trend-Make-up.

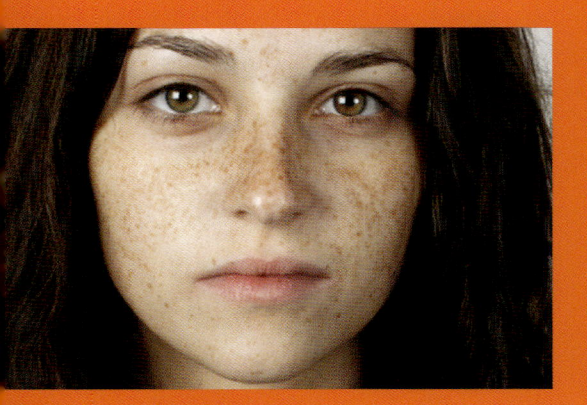

Trend-Make-up „Cocorange"

Nach der Grundierung und dem Stylen der Augenbrauen, färben Sie für dieses Trend-Make-up das gesamte Augenlid bis unter die Augenbrauen mit einem kräftigen orangefarbenen Lidschatten ein. Die Farbe am äußeren Augenwinkel nach außen und unten ausblenden. Ein Visagistentrick: Die Farbe so weit in den Wangenbereich hineinziehen, dass der Lidschatten zum Rouge wird. Die Partie unterhalb des inneren Augenwinkels mit einem dunkleren Orangeton einfärben, oberhalb die Farbe bis zur Mitte des beweglichen Lids auslaufen lassen. Eine Wimpernperücke, die hier an den unteren Wimpernrand geklebt wird und echte Swarovski-Strasssteinchen in der Farbe Cognacbraun unter den Brauen sorgen für den extravaganten Schliff.

Mit einem dunkelgrünen Konturenstift die Lippen exakt nachzeichnen. Die Farbe anschließend sorgfältig nach innen einblenden. Den Mund mit einer tiefgrünen Lippenfarbe auffüllen. Das Ergebnis ist ein außergewöhnliches Make-up in kräftigen Farben.

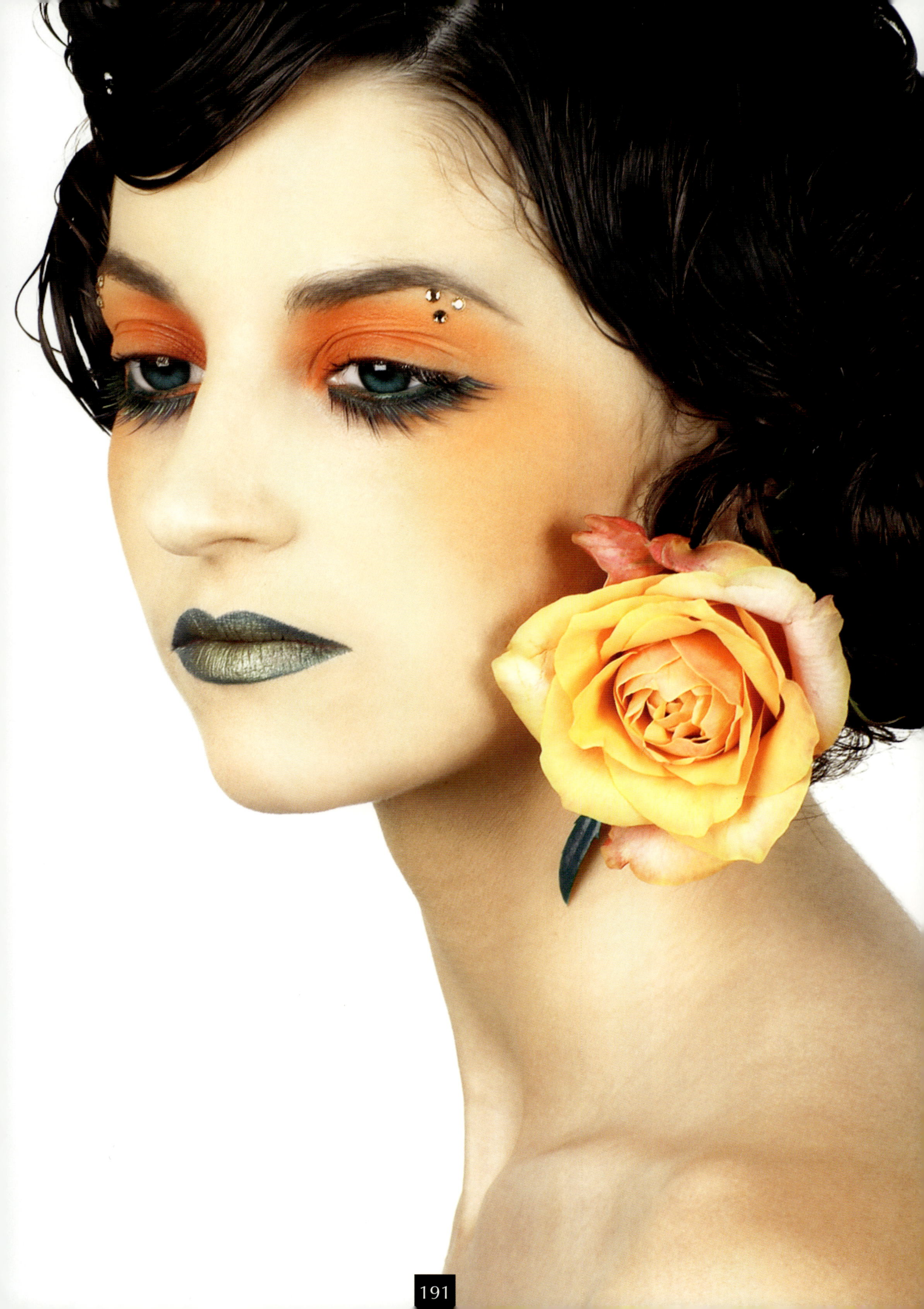

Fantasie-Make-up

Allein der Anlass, zu dem ein Fantasie-Make-up getragen wird, lässt Ideen entstehen. Karneval, Halloween, Loveparade, Partys mit einem bestimmten Motto lassen Freiraum für Kreativität. Arbeiten Sie mit Schablonen, kleben Sie Steinchen und Pailletten. Der Fantasie sind fast keine Grenzen gesetzt. Vergessen Sie nicht die künstlichen Wimpern – sie sind das Highlight und machen jeden Look perfekt!

Fantasie-Make-up „Comedia dell' Arte"

Thema dieses Fantasie-Make-ups ist „Karneval in Venedig" und so entsteht ein außergewöhnlicher Look mit einer Maske, wie sie nicht schöner sein kann. Passend dazu auch der Name „Comedia dell' Arte", der eine Form der italienischen Volkskomödie beschreibt, die mit festgelegten Typen und Masken dennoch Raum für Improvisation bietet.

Beim Make-up wird hier bewusst nicht nach der Reihenfolge der Arbeitsschritte vorgegangen, die Augenbrauen folgen erst später.

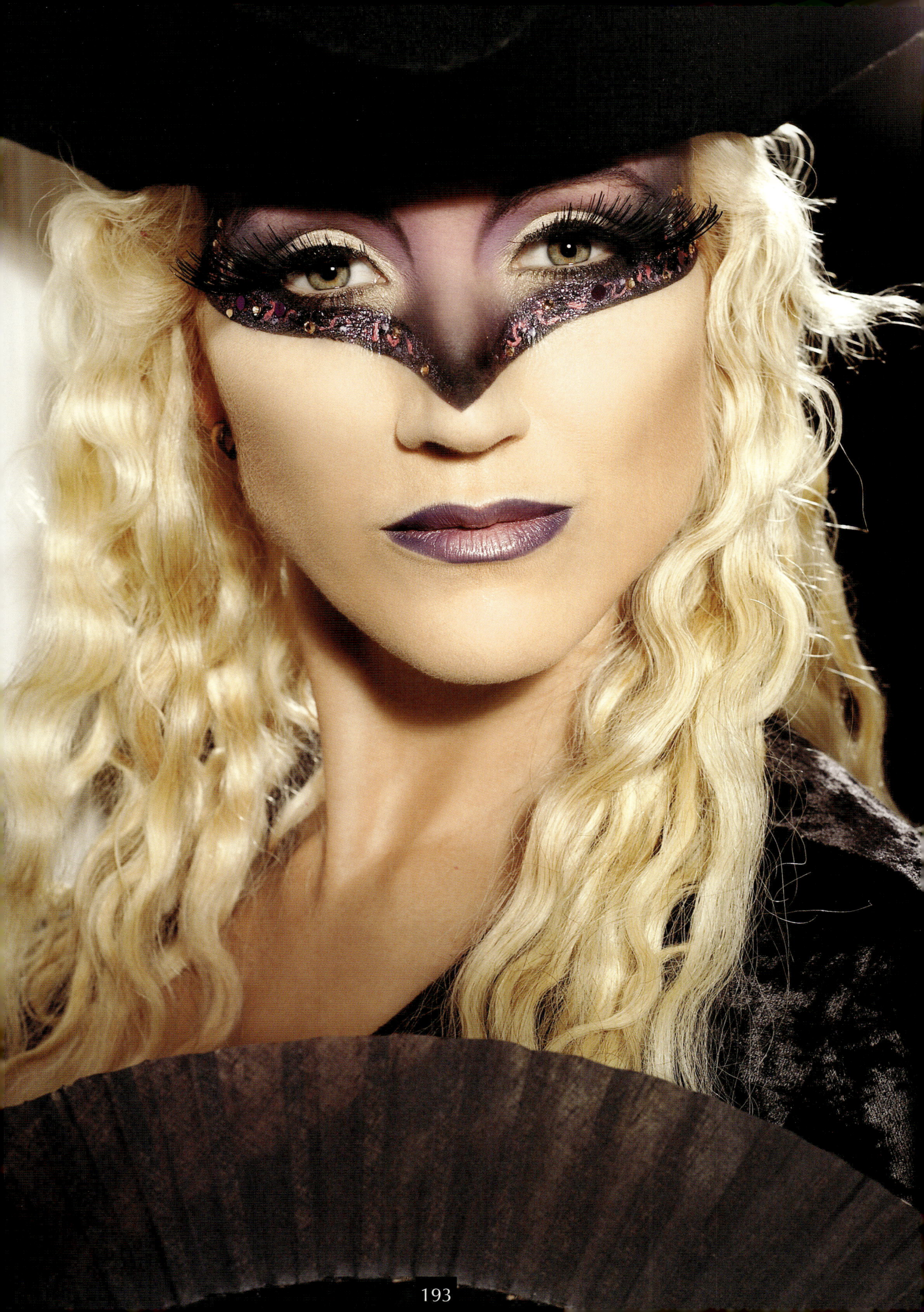

Fantasie-Make-up

1. Ungeschminkt:
Das Model wird für diesen Look in eine geheimnisvolle Schönheit verwandelt.

2. Grundierung:
Mit einem Grundierungspinsel flüssiges Make-up auftragen. Der Make-up-Pinsel hat den Vorteil, dass er nur etwa ein Viertel der Make-up-Menge im Vergleich zu einem Schwämmchen benötigt.

3. Gesichtspuder:
Um das Make-up zu fixieren und unschönen Glanz auf Fotos zu vermeiden, pudern Sie das Gesicht mit einem großen Puderpinsel ab und mattieren es.

4. Augengrundierung:
Färben Sie nun mit einem großen, abgeschrägten Lidschattenpinsel die Partie um das Auge vom Wimpernkranz bis zu den Augenbrauen mit einem hellen Lilaton komplett ein. Für die Partie unter dem Auge einen schmaleren Pinsel verwenden.

5. Lidfalte:
Mit einem langen Lidfaltenpinsel die Lidfalte mit einem tiefen Schwarz eindunkeln, das verleiht dem Auge Tiefe und Dramatik.

6. Augenschattierung:
Die Lidfalte anschließend mit einem dunkleren Lilaton nachzeichnen. Verwenden Sie dafür einen deutlich breiteren Pinsel, als den dünnen Augenschattierpinsel, damit die Farbe einen weichen Verlauf nach außen in Richtung Augenbraue nimmt.

7. Goldeffekt:
Für einen tollen Blattgoldeffekt wird ein Glanzpuder in Gold mit Wasser angemischt und feucht mit einem kleinen Grundierungspinsel auf das bewegliche Augenlid aufgetupft. Dies spiegelt den barocken Stil Venedigs wider, erzeugt aber auch eine Spannung zu den Lidschattenfarben.

8. Vorlage:
Für die Maske müssen die Klebebänder exakt platziert werden, was absolute Professionalität und viel Übung erfordert. Danach blenden Sie mit einem Jumbo-Applikator und dem tiefschwarzen Lidschatten die Kontur von unten nach oben ein, so dass die Farbe nach oben weich verläuft.

9. Maske:
Mit Hilfe eines breiten, stumpfen Pinsels und dem dunkleren Lilaton färben Sie nun das Schwarz der Kontur ein, nach oben auslaufen lassen. Für einen weichen Verlauf mit einem kleinen Puderpinsel den helleren Lilaton darüber geben und zur Stirn hin auslaufend verarbeiten. Klebestreifen vorsichtig abziehen und Make-up ausbessern.

10. Augenbrauen:
Die Augenbrauen werden passend zur Maske mit dem dunkleren Farbton in Lila nachgezeichnet.

11. Verzierung:
Damit die Glimmerpartikel perfekt halten, tragen Sie eine schwarze Lippenfarbe mit einem kleinen Grundierungspinsel entlang der dunklen Linie auf und geben den Glimmer darauf.

12. Glimmer:
Passend zu den Farben der Maske Glimmer in kräftigen Beeren- und Lilatönen mit dem gleichen Pinsel auftupfen.

Fantasie-Make-up

13. Eyeliner:
Lassen Sie nun Ihrer Fantasie freien Lauf und zeichnen Sie mit flüssigen Eyelinern entlang des Maskenrandes Verzierungen. Hier werden Schwarz, Pink und Lila gewählt.

14. Strasssteinchen:
Jumbopailletten in Lila mit Wimpernkleber und Hilfe einer Pinzette ebenfalls entlang des Maskenrandes aufkleben. Dazwischen können Sie als edles Highlight Strasssteinchen in Cognacbraun setzen, die das Gold auf den Augenlidern wiederspiegeln.

15. Wimpern:
Ein Muss zu dieser Maske sind Wimpernperücken, hier kommen schwarze, schräge Lackwimpern zum Einsatz. Danach die unteren Wimpern schwarz tuschen.

16. Lippenkontur:
Zeichnen Sie mit einem dunklen lilafarbenen Konturenstift die Lippenkontur nach und verblenden Sie diese vom Lippenrand aus nach innen. Achten Sie dabei auf exaktes Arbeiten.

17. Lippenfarben:
Lippenfarbe in Dunkellila mit einem Lippenpinsel auftragen. Sparen Sie die Mitte aus und färben diese mit einem hellen Pinkton ein, der zentral in einen weißlichen Lippenton mündet. Transparenter Lippenlack rundet das Lippen-Make-up ab.

18. Konturen:
Modellieren Sie zum Schluss die Wangenknochen mit einer braunen Lidschattenfarbe.

Die Haare werden hier mit einem speziellen Eisen in Form gebracht. Fertig ist ein Fantasie-Make-up zum Thema Karneval in Venedig.

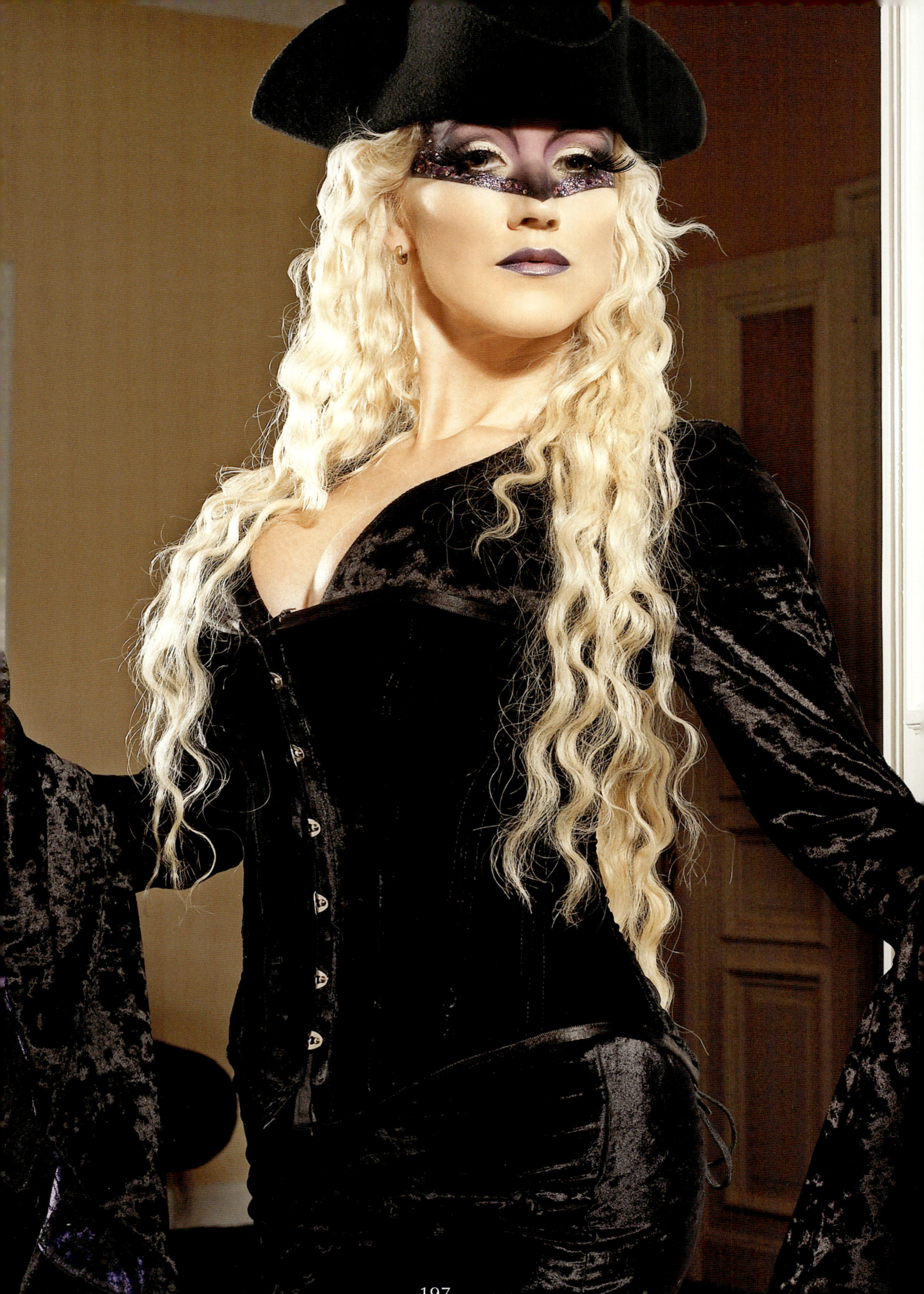

Fantasie-Make-up

Fantasie-Make-up

Augenbrauen:
- Veilchen

Lidschatten:
- Orchidee
- Lakritze
- Veilchen

Wimperntusche:
- schwarz

Wimpernperücke:
- Black Beauty

Effekte:
- Goldrausch
- Glimmer Varieté
- Glimmer Cabaret

Basis für Glimmer:
- Mr. B

Verzierungen:
- Eyeliner Nr. 1
- Eyeliner Nr. 10
- Eyeliner Nr. 16
- Strasssteinchen Cognacbraun

Rouge:
- Nougat

Lippenkontur:
- Konturenstift Nr. 17

Lippenfarbe:
- SO36
- CSD

Beni Durrer Produkte für das Fantasie-Make-up

HDTV-Make-up, Puder

Lidschattenfarben:	„Orchidee", „Veilchen", „Lakritze", „Nougat"	Glanzpuder:	„Goldrausch"
		Glimmer:	„Varieté", „Cabaret"
		Jumbopailetten, Strasssteinchen	
Wimperntusche:	schwarz	Lippenfarbe:	„Mr. B", „So36", „CSD"
Wimpern:	„Black Beauty"	Lippenlack:	transparent
Konturenstifte:	Nr. 17	Pinsel:	1, 5, 9, 12, 16, 20, 30, 31, 38, 41, 43
Eyeliner:	1, 10, 16		

Stichwörter

Stichwortverzeichnis

19. Jahrhundert 18
20. Jahrhundert 18–21
21. Jahrhundert 21
24h-Creme 47

Abdecken 110–111
Abend-Make-up 136–137
Abfallende Augen 85
Abfallende Mundwinkel 96
Abschminken 108–109
Ägypten 12
Arbeitsplatz 98–99
Arbeitsplätze eines Visagisten 24–25
Arbeitsschritte 106–127
Asiatische Augen 90
Aufgaben eines Visagisten 22–23
Augenbrauen 79–81
Augenbrauen schminken 114
Augenbrauen und Augenkonturen 114–115
Augenformen 82–90
Augenkonturen schminken 115
Augen-Make-up 52–64
Augen-Make-up-Enferner 46
Augenschatten 111
Ausstattung 28–29

Barock 16
Best-Age-Make-up 162–167
Birnenförmige Gesichtsform 77
Braut-Make-up 148–155
Breiter Mund 94
Brillen-Make-up 156–159
Business-Make-up 130–135

Danksagung 200
Der Visagist 22–27
Dreieckige Gesichtsform 77

Eckige Gesichtsform 76
Einzelwimpern kleben 119
Engstehende Augen 86
Express-Make-up-Entferner 46
Eyeliner 56, 121

Facechart 68–69, 135, 143, 147, 155, 167, 175, 183, 189, 199
Fantasie-Make-up 192–199
Farbkreis nach Itten 70–71
Farbtypenlehre 70–71
Farbverläufe 73

Feuchtigkeitsfluid 47
Fixieren 112–113
Flüssige Grundierungen 111
Foto-Make-up 168–177
Foto-Make-up farbig 168–175
Foto-Make-up schwarzweiß 176–177

Gala-Make-up 138–143
Geschichte 12–21
Gesichtsformen 74–78
Gesichtspuder 49
Glanzpuder 58
Glimmer fein 58
Glimmer grob 58
Griechenland 13
Große Augen 86
Große Lippen 93
Große Oberlippe 95
Große Unterlippe 95
Grundausstattung des Schminkplatzes 98–99
Grundieren 110–111
Grundierung 48, 50–51
Grundierung mit dem Pinsel 110
Grundierung mit dem Schwamm 110
Grundlagen 70–97
Grundregeln 102–103

HDTV-Make-up 50–51
Herren-Make-up 178–183
Hervorstehende Augen 88
Highlight 126
Hygiene 100–101

Impressum 2
Inhaltsverzeichnis 6–7

Kleine Augen 85
Kleine Lippen 92
Kontrolle 127
Konturenstifte 64
Konturierung 126
Künstliche Wimpern 59–63
Kurzsichtigkeit 159

Längliche Gesichtsform 76
Laufsteg-Make-up 160–161
Licht und Schatten 73
Lidschatten 52–55, 116–117
Lippenfarben 66–67, 124
Lippenformen 91–97

Lippenkonturen 122–123
Lippenlack 65, 124
Lose Farbpigmente 58

Make-up 110–111
Make-up-Produkte 48–51
Mandelförmige Augen 84
Mittelalter 14–15

Normale Augen 83
Normale Augen mit großem Lid 83
Normale Augen mit kleinem Lid 84
Normale Lippen 92
Nude-Make-up 144–147

Ovale Gesichtsform 75

Pailletten 58
Perlen 58
Pflege 109
Pinsel 30–45
Pinselherstellung 31
Pinselreinigung 30
Praxis 129–199
Puder 49, 112–113

Rautenförmige Gesichtsform 78
Regelmäßige Schlupflider 89
Reinigen 108–109
Reinigung und Pflege 46–47
Reinigungslotion 46
Reinigungsmilch 46
Renaissance 15
Revolution 17
Rokoko 17
Rom 13–14
Runde Augen 87
Runde Gesichtsform 75

Schattierung 126
Schiefe Lippen 93
Schmaler Mund 94
Selbstdarstellung 26–27
Spezielle Effekte 58
Sternchen 58
Strasssteinchen 58
Studio-Make-up 48

Tagescreme 109
Tages-Make-up 130–135

Theorie 11–127
Tiefliegende Augen 88
Tonhöhen 71
Tonifizieren 108–109
Trend-Make-up 184–191

Unregelmäßige Schlupflider 89

Vorbereitung 104–105
Vorwort 8–9

Wahl des Standortes 98–99
Wangenrouge 125
Warme und kalte Farben 72–73
Weitauseinanderstehende Augen 87
Weitsichtigkeit 158
Wimpernband kleben 120
Wimpernperücken 59–63, 119–120
Wimperntusche 57, 118

Zusätzliches Zubehör 68–69

Danksagung

Ein ganz herzliches Dankeschön geht an Doreen Liebig, die aus meinen Ideen ein Buch gemacht und mit mir gemeinsam dieses Projekt realisiert hat. Ein besonderer Dank geht auch an Inis Ambrosy und Tamara Schieß des werk zwei Konstanz. Ich danke Fabian Maerz, Christian Leschke, Melanie Missalla und den anderen Fotografen für die wunderbaren Fotos. Ich freue mich schon auf das nächste Buch! Dankeschön an die vielen tollen Modelle, Stefanie H. (Titelseite), Anna Mosig (Tages-Make-up), Ulrike (Hochzeits-Make-up), Sylvana (Brillen-Make-up), Sieglinde Steuer (Best-Age-Make-up), Philipp (Herren-Make-up), Conny (Trend-Make-up „Romy"), Cecilia (Arbeitsschritte 1 bis 10), Denise (Trend-Make-up „Cocorange") und speziell Cany Bell (Foto-Make-up farbig und Fantasie-Make-up). Dankeschön auch an die Kosmetikschulen D+B Berlin und Medikos Berlin für das Bereitstellen der vielen Modelle, die sich geduldig haben schminken lassen. Danken möchte ich auch meinem Freund Daniel Schleicher für seine unermessliche Geduld und das viele Korrekturlesen. Lieben Dank an meine Mitarbeiter Jane, Jenny, Susanne, Dana, Steffi, Volker, Katharina, Andrea, Kathy, Cecilia, Claudine, Sara, Dewayne, Sabine und vor allem Maren, die mir geholfen und stets den Rücken frei gehalten haben. Danke an Elisabeth Rogowska, Michèle Waldmeier, ganz besonders Carmen Schulz und all diejenigen, die mich inspiriert und mir bei der Umsetzung dieses Buches geholfen haben.

Bildnachweis:

Fabian Maerz, www.fabianmaerz.de
Titel, Rückseite, Seiten 74, 82, 91, 100/101, 113, 137, 139–142, 146, 157–159, 168–174, 177–182, 184–188, 190–198, 204

Christian Leschke, www.hasenbox.de
Seiten 26–30, 32–51, 53–67, 69, 75 unten, 76–77, 79, 83 unten, 84, 85, 86 unten, 87, 88 unten, 89, 90, 92 unten, 93 oben, 94, 95, 98–99, 104–108, 109 oben, 110, 111 oben, 112 oben, 114, 115 oben, 116, 117 oben, 118–119, 120 oben, 121–122, 123 oben, 124 oben, 125, 126 oben, 127, 130–134, 149–154, 163–166

Melanie Mißalla, www.albrecht-fotografie.de
52, 75 oben, 78, 80–81, 83 oben, 86 oben, 88 oben, 92 oben, 93 unten, 96, 109 unten, 111 unten, 112 unten, 115 unten, 117 unten, 120 unten, 123 unten, 124 unten, 126 unten, 144, 145

Markus Heisler, www.markusheisler.com
Seiten 22/23, 97

Michael Kämpf, www.michael-kaempf.de
160–161

Ralf Rühmeier, www.ralfruehmeier.de
Seite 8

Petra Hörnig
Seite 24/25

Illustrationen: Maren Müller und Tobias Kluke

Bezugsquellen:

Kleider Seiten 160, 161: Nanna Kuckuck,
www.nanna-kuckuck.de

Kleider Seiten 22, 74, Titelseite und 137, 146, 185, 188: Herz und Stöhr, www.herz-stoehr.de

Kleid 139, 141, 142: Stefan Reinberger,
www.reinberger-couture.com

Kleid 152-154: Herbert Leibinn,
www.hl-highlight.de

Kleid Seite 82: Andrej Subarew,
www.subarew.com

Kopfbedeckungen Seiten 160, 161: Chapeaux,
www.chapeaux-hutmode-berlin.de

Schmuck Seiten 149, 153, 154: Schwermetall,
www.schwermetall-berlin.de

Brillen Seiten 97, 157-159: Extrascharf Optik,
www.extrascharf-optik.de

Beni Durrer
Make-up-Schule II, Kreative Ideen,
Erscheinungsdatum 2011